₵ 1290
Für alle Züge
Valable dans tous les trains
Geldig in alle treinen
Rückfahrt Retour Terugreis
Bruxelles
Köln Hbf od Köln-Deutz
ab Aachen Süd Grenze
Gültig Valable Geldig 2 Monate mois maanden
2.Kl
47.80 DM
(Köln Hbf 10)
₵ 1290
Bruxelles
Köln Hbf od Köln-Deutz

Udo Kandler

Die Eisenbahn in Köln

Von den dreißiger Jahren bis heute

EISENBAHN
KURIER
VORBILD UND MODELL

EK-Verlag

Impressum

Titelbild:
Reminiszenz an das unzerstörte Köln vor dem Zweiten Weltkrieg. Nur wenige Auspuffschläge ist 01 031 des Bw Hamm anno 1932 vom inmitten der pulsierenden Rheinmetropole gelegenen Hauptbahnhof entfernt. Dem Meister auf der majestätischen Schnellzugmaschine bleibt auf Höhe der Ursulastraße nur ein kurzer Blick auf das unterhalb stattfindende Treiben, und schon wird er den internationalen Schnellzug D 23 Paris Nord – Lüttich – Aachen – Köln – Duisburg – Dortmund – Hannover – Berlin – Frankfurt (Oder) – Posen – Łódź – Warschau am Bahnsteig zum Stehen bringen.
Aufnahme: RBD Köln (Felten), Bildarchiv der Eisenbahnstiftung

Rücktitel:
Neue Horizonte: Via Aufzug geht's in schneller Fahrt nach ganz oben – und schon liegen dem Betrachter mit fantastischer Aussicht Stadt und Eisenbahn zu Füßen! Seit im rechtsrheinischen Köln das Bürohochhaus („Kölntriangel") mit seiner öffentlichen Aussichtsplattform den Panoramablick auf das „Kölner Dreigestirn" ermöglicht, ist die Rheinmetropole zweifelsohne um eine Attraktion reicher.
Aufnahme: Udo Kandler

Vorsatz:
1 – Achtung, Zug kommt! Sicherungsposten beim Hauptbahnhof im Winter 1958/59. Demonstrativ hält der ein wenig verschroben dreinschauende Bahnarbeiter bei der Vorbeifahrt der Euskirchener 64 004 sein Mehrklangsignalhorn in die Kamera. Von der allgemein vorgeschriebenen Warnkleidung unserer Tage ist sein dunkles Outfit indes noch weit entfernt.
Aufnahme: Theo Felten, Bildarchiv der Eisenbahnstiftung

2 – Kaminkehrer als Glücksbringer im Kölner Hauptbahnhof im Jahr 1952. Hier ist er ausnahmsweise einmal nicht einem Haus aufs Dach gestiegen, sondern der Jünkerather 39 011 auf den Kesselscheitel, um symbolisch die Kugelkette in die Esse abzulassen. Aufnahme: Fischer, Bildarchiv der Eisenbahnstiftung

3 – Schaufensterauslage der 1950er Jahre in der Kölner Innenstadt mit DB-Werbung. Koffer und Reisetaschen wurden unweigerlich noch mit der Eisenbahn in Verbindung gebracht. Von Köln nach Brüssel und retour für 47,80 DM – waren das noch Zeiten! Aufnahme: Fischer, Bildarchiv der Eisenbahnstiftung

4 – Rast beim rechtsrheinischen Brückenkopf der Hohenzollernbrücke mit einer Richtung Hauptbahnhof rollenden preußischen P 10 (1952). Aufnahme: Dr. Walter Scheer, Sammlung Hans-Peter Arenz

Nachsatz:
1 – Gebannt beobachten die Knaben einen Personenzug mit preußischer P 8 bei der Ausfahrt aus dem Kölner Hauptbahnhof – perfekt umgesetzt in die Bildsprache der Fotografie zur Blütezeit der Eisenbahn im Jahr 1935. Der Berufsstand des Eisenbahners war in der Gesellschaft allgemein noch hoch angesehen, folglich dürften sich die Gedanken der jungen Zaungäste dann auch ganz um den späteren Berufswunsch des Lokführers gedreht haben. Aufnahme: RVM (Felten), Bildarchiv der Eisenbahnstiftung

2 – Obwohl 03 1021 eine erst kurze Dienstzeit aufzuweisen hatte, war sie – wie auch das unmittelbare Umfeld des Kölner Hauptbahnhofs – vom Krieg bereits deutlich gezeichnet. Die sich am Bahnsteig einstellende Situation mit den reisenden Soldaten spiegelt das gängige Bild wider, stand die Eisenbahn während des Zweiten Weltkriegs doch maßgeblich unter dem Diktat „Räder müssen rollen für den Sieg!", das der Zivilbevölkerung kaum mehr Spielraum für Privatreisen mit der Eisenbahn einräumte.
Aufnahme: Bildarchiv der Eisenbahnstiftung

3 – Wasser marsch! Sicherlich ganz im Sinne des Fotografen hat man es am 1. April 1971 im Bw Gremberg beim Wasserfassen der 055 193 mit dem „kostbaren Nass" allzu gut gemeint.
Aufnahme: Burkhard Wollny, Bildarchiv der Eisenbahnstiftung

ISBN: 978-3-88255-243-0

Gestaltung und Produktion: Silvia Teutul
Bildbearbeitung: Rico Schreiber

Unser Gesamtverzeichnis erhalten Sie kostenlos unter
Telefon 0761-70 31 00 oder unter service@eisenbahn-kurier.de

EK-Verlag GmbH • Lörracher Str. 16 • D-79115 Freiburg • www.eisenbahn-kurier.de

Inhaltsverzeichnis

Bild 1 – Köln Hauptbahnhof im September 1957. Noch bestimmt unverkennbar der Wiederaufbau das Bild, wenngleich die Aufmerksamkeit des Fotografen ganz dem zwischen den Blumentrögen platzierten Schild galt, das bei Bedarf den Reisenden der Orientierung diente. Es markierte draußen vor der Bahnsteighalle den genauen „Halteplatz" des in Köln startenden Ft 8 „Rheinblitz" nach Basel SBB, verkehrte dieser doch südwärts vereinigt mit mehreren Dieseltriebwagen-Einheiten als „Rheinblitz"-Gruppe, die entsprechend den unterschiedlichen Zielpunkten der Triebzüge in Mainz und Mannheim wieder aufgelöst wurde.
Aufnahme: Dr. Walter Scheer, Sammlung Hans-Peter Arenz

Vorwort

Verehrte Leserinnen und Leser,

es dürfte unstrittig sein, dass Köln zu den herausragenden deutschen Metropolen zählt. An exponierter Stelle thront direkt neben dem Hauptbahnhof das meistbesuchte Bauwerk hierzulande: Der Kölner Dom, ein Kulturdenkmal von Weltgeltung, das täglich bis zu 20.000 Besucher in seinen Bann zu ziehen vermag.

Wer den Eisenbahnbetrieb im Schatten der altehrwürdigen Kathedrale erlebt hat, weiß um die Vorzüge Kölns als Eisenbahnstadt. Den Bahnreisenden empfängt beim Eintreffen am Hauptbahnhof das ungemein quirlige Leben in der weitläufigen Bahnsteighalle. Beim Gang abwärts im Strom der Menschenmassen durch die modern gestalteten Passagen und weiter durch die Empfangshalle: gelangt man auf den Bahnhofsvorplatz zu Füßen des Doms, im Herzen der Stadt, die durch die Eisenbahn – im nationalen und internationalen Bahnverkehr gleichermaßen – perfekt erschlossen ist. Das kurze Stück hinauf zur Domplatte reicht aus, um vom internationalen Flair der Besucherströme mitgerissen zu werden, was diesen Ort so unverwechselbar macht.

Ungeachtet etwaiger touristischer Aspekte führen die nachfolgenden Seiten durch acht Jahrzehnte facettenreichen Eisenbahnbetrieb, beginnend mit atmosphärischen Aufnahmen, die die Kölner Bahnlandschaft vor dem Zweiten Weltkrieg zeigen. Und das alles im Dunstkreis jenes Gotteshauses, das allein durch seine schiere Größe die Eisenbahn visuell unweigerlich begleitet. Das „Kölner Dreigestirn" aus Dom, Hauptbahnhof und Hohenzollernbrücke bildet städtebaulich eine untrennbare Einheit. Auf dem kurzen Stück zwischen Hauptbahnhof und dem Deutzer Bahnhof herrscht inmitten der pulsierenden Metropole über den Rhein hinweg eine unglaubliche Zugdichte, die Köln ein besonderes Gepräge gibt, maßgeblich bestimmt durch die „weiße Flotte" der Deutschen Bahn in Gestalt der vielen ICE-Triebzüge. Ist doch die Rheinmetropole seit nunmehr einem Jahrzehnt auch Ausgangs- und Endpunkt der Schnellfahrstrecke Köln – Rhein/Main, die das „Drehkreuz des Westens" vollends in eine bevorzugte Position rückte.

Die moderne Eisenbahn ist nur ein Aspekt, der besondere Reiz liegt bei den historischen Fotografien, die, den Eisenbahnbetrieb vor der Zerstörung widerspiegeln, den Betrachter aber genauso mit den Folgen des Zweiten Weltkriegs konfrontieren, als der Feuersturm die Kölner Innenstadt buchstäblich in Schutt und Asche legte. Neben der technisch nüchternen Sichtweise sind es die mannigfaltigen Momentaufnahmen mit einem gehörigen

Bild 2 – „Alter Wartesaal" anno 1950. Aufnahme: Fischer, Bildarchiv der Eisenbahnstiftung

Schuss Lokalkolorit, die eine längst vergessene Eisenbahnwelt aufleben lassen. Einmalige Bilddokumente belegen den Niedergang des historischen Empfangsgebäudes am Dom von 1894, das nicht etwa im Bombenhagel des Zweiten Weltkriegs unterging, sondern der Zeitepoche des deutschen Wiederaufbaus und Wirtschaftswunders der 1950er Jahre zum Opfer fiel. Trotz der immensen Kriegsschäden hierzulande brach im Nachgang gleich noch eine regelrechte Abrisswelle los, die nicht nur in Köln so manch ein historisch wertvolles Gebäude hinwegfegte. Ersetzt wurde das alte Empfangsgebäude bis 1957 durch einen Neubau, inzwischen längst auch ein Baudenkmal, nun die Fünfziger-Jahre-Architektur repräsentierend.

Vom ursprünglichen Hauptbahnhof ist neben dem unscheinbar unterhalb der Domplatte befindlichen „Alten Wartesaal" als ausgewiesenem Baudenkmal letztlich nur das Mittelschiff der Bahnsteighalle übrig geblieben, deren Aussehen sich im Laufe der Zeit im Detail jedoch stark verändert hat.

Dass sich historische und moderne Elemente trefflich ergänzen können, wird deutlich, wenn man den Hauptbahnhof in der Draufsicht betrachtet: es eröffnet sich eine Dachlandschaft, die in jeder Hinsicht bemerkenswert ist. Köln aus der Vogelperspektive ist wegen der städtebaulichen Begebenheiten per se eine Klasse für sich! Tauchen Sie ein in die Welt der Eisenbahn zwischen Vergangenheit und Gegenwart im Dunstkreis der altehrwürdigen Kathedrale.

Udo Kandler, Wachtberg im September 2012

Kölner Impressionen: Eine Stadt und ihre Eisenbahn

Bereits zu Zeiten der Gründerväter der deutschen Eisenbahnen gab man sich in Köln ausgesprochen weltoffen. Mit der Rheinischen Eisenbahn-Gesellschaft hatte hier das einflussreichste deutsche Eisenbahnunternehmen seine Wurzeln, das ausgesprochen früh den grenzüberschreitenden internationalen Eisenbahnverkehr mit Belgien forcierte.

Gleich vier Eisenbahnunternehmen tangierten zur Gründerzeit der Eisenbahn beiderseits des Rheins den Kölner Schienenverkehr. Mit der Schaffung des „Centralpersonenbahnhofs" mit der angegliederten Dombrücke im Jahr 1859 stieg Köln schnell zu einer bedeutenden Eisenbahnstadt auf. Bis dahin hatte es für die Eisenbahn in Köln keinen zentralen Anlaufpunkt gegeben. Die Endbahnhöfe der Bahngesellschaften waren über die Stadt verstreut beziehungsweise am jenseitigen Rheinufer im bis 1888 selbstständigen Deutz angesiedelt. Nicht umsonst kam dem „Centralpersonenbahnhof" mit der Dombrücke für die Erschließung Kölns durch die Eisenbahn eine Schlüsselrolle zu. Wegbereiter waren neben der erwähnten Rheinischen Eisenbahn-Gesellschaft jene der Bonn-Kölner-, der Köln-Mindener-, der Köln-Krefelder- sowie der Bergisch-Märkischen Eisenbahn-Gesellschaft.

In Preußen sollte sich beizeiten das Staatsbahnsystem durchsetzen. „Zum Wohle der Allgemeinheit" kamen die in Köln aufeinandertreffenden Privatbahngesellschaften unter staatliche Verwaltung, und am 1. April 1881 wurden die Königlichen Eisenbahn-

Bild 3
Straßenszene in der Kölner Neustadt an der Bahnüberführung im Verlauf der Aachener Straße bei regnerischem Wetter. Hinter dem Bahndamm befindet sich der in den 1920er Jahren angelegte Aachener Weiher.
An der Brüstung der Bahnüberführung machte an exponierter Stelle jener belgische Reifenhersteller auf sich aufmerksam, der bemüht war, den deutschen Markt mit den in Aachen produzierten Pneus zu erobern. An gleicher Stelle verweist auch noch die Maschinenbau-Anstalt Humboldt auf ihre Existenz im rechtsrheinischen Kalk. Davon unbehelligt, dürften die Reisenden des zwischen Köln West und Köln Süd dampfenden Personenzugs ihrem nahen Reiseziel entgegengefiebert haben (Aufnahme um 1938).

Aufnahme: RBD Köln (Felten), Bildarchiv der Eisenbahnstiftung

direktionen zu Köln (linksrheinisch) und zu Köln (rechtsrheinisch) ausgerufen. Nun erst waren die Voraussetzungen für eine umfassenden, verkehrsgerechten Ausbau der Bahnanlagen gegeben. Anstelle des „Centralpersonenbahnhofs" entstand der leistungsfähige Hauptbahnhof. Um kreuzungsgleiche Bahnübergänge zu vermeiden, wurde dieser in Hochlage gebracht, um Platz für Straßenunterführungen zu schaffen. Herzstück des im Stil der Renaissance erbauten Ensembles bildete die gewaltige Bahnsteighalle. Das Empfangsgebäude mit dem markanten Uhrenturm wurde an der Südseite der Bahnsteighalle zum Dom hin angeordnet. Der Hauptbahnhof nahm offiziell am 25. Mai 1894 seinen Betrieb auf. Nun erst verfügte die Domstadt am Rhein über einen wirklich leistungsfähigen zentralen Personenbahnhof. Nach dem Vorbild der Berliner Stadtbahn erfuhren die innerstädtischen Bahnanlagen eine generelle Neuausrichtung, so etwa auch die in der Kölner Neustadt ebenfalls in Hochlage angelegten „Personenhaltestellen" Köln West und Köln Süd.

Inmitten der Stadt in exponierter Lage am Rhein gelegen, waren Hauptbahnhof und Hohenzollernbrücke im Einklang mit dem Dom städtebaulich eine Klasse für sich. Allerdings entwickelte sich das Ensemble für den Bahnbetrieb alsbald zum Nadelöhr. Folglich war man dazu übergegangen, im Sinne eines möglichst reibungslosen Zugbetriebs Köln in alle Richtungen durch eine Ringbahn zu erschließen. Als entscheidende Maßnahme wurde der Hauptbahnhof vom Durchgangsgüterverkehr befreit. Mit dem zentralen Bestandteil der 2,8 km stromaufwärts gelegenen Kölner Südbrücke entstand stattdessen die 7,49 km lange Güterumgehungsbahn Köln Süd – Köln-Kalk – Köln-Kalk Nord, die am 5. April 1910 in Betrieb gehen sollte. Im Zuge dieser Neuausrichtung wurde auch die alte Dombrücke durch die Konstruktion der Hohenzollernbrücke ersetzt. Bestehend aus einem 12,2 m breiten Überbau für den Straßenverkehr und daneben zwei Eisenbahnbrücken mit lichten Weiten von je 7,9 m und je zwei Gleisen. Auf zwei Strompfeilern lagernd, ergaben sich für die bogenförmigen Stromüberbauten Stützweiten von 118,9 m, 167,8 m und 122,6 m. Die Brückenköpfe flankierten mächtige Turmbauten mit drei über den Widerlagern gewölbten Torbogen, die durch einen überdachten Mittelbau führten. Zunächst wurde der dem Straßenverkehr dienende Überbau am 20. September 1910 feierlich eingeweiht; am 22. Mai 1911 erfolgte die Schlusssteinweihe des Gesamtbauwerks.

Mit der Umstrukturierung des Kölner Bahnsystems hatte man auch das zweigeschossige Inselgebäude aus der Mittelhalle des Hauptbahnhofs entfernt und die Gleise durchgebunden. An deren Stelle traten die unter dem Bahnkörper 1912/14 neu geschaffenen Wartesäle und Wirtschaftsräume. Zeitgleich wurden zwischen 1905 und 1915 im rechtsrheinischen Deutz die Bahnanlagen mit dem auf zwei Ebenen angeleg-

Bild 4 – Eine überaus stimmungsvolle Aufnahme aus dem Kölner Stadtgebiet, abermals festgehalten an einem regnerischen Februartag des Jahres 1938 zwischen den Bahnstationen Köln West und Köln Süd. Die Silhouette der Lokomotive der Baureihe 38^{10} verrät unschwer, dass die Preußin mit einem Schlepptender der Bauart 2'2'T 21,5 gekoppelt ist.

Aufnahme: RBD Köln (Felten), Bildarchiv der Eisenbahnstiftung

Bild 5 – Unter dem Portalbogen der Hohenzollernbrücke hat hier der Fotograf einen nicht ganz profilfreien Standpunkt eingenommen. Bei diesem Motiv vor dem Hintergrund des Doms galt sein Augenmerk weniger der Ausfahrt eines Schnellzugs mit vorausfahrender Lokomotive, als vielmehr der Wagenschlange an sich, die aus heutiger Sicht allein schon durch die Vielfalt unterschiedlicher Waggons besticht. Der Dom zeigt sich derweil mit eingerüstetem Längsschiff ganz standesgemäß als „ewige Baustelle".

Aufnahme (1935): RBD Köln (Felten), Bildarchiv der Eisenbahnstiftung

ten neuen Bahnhof Köln-Deutz umgestaltet. Unten verliefen die Gleise der Streckenführung Köln-Mülheim – Köln-Kalk und oben die Gleise der traditionellen Brückenquerung zwischen rechtsrheinischem Deutz und linksrheinischem Hauptbahnhof. Seiner Bedeutung entsprechend wurde der Kreuzungsbahnhof Köln-Deutz mit einer repräsentativen, dreischiffigen Bahnsteighalle ausgestattet. Damit hatten die Gleisanlagen in der Domstadt ihre größte Ausdehnung erlangt und erfuhren über die beiden Weltkriege hinweg keine nennenswerten Veränderungen mehr.

Anders das Empfangsgebäude des Hauptbahnhofs, das auf der Vorplatzseite durch den Anbau einer neuen Fahrkartenausgabe seine Charakteristik veränderte. Gleichzeitig wurde der Innenbereich, der vom Ursprung eher spartanisch ausgeführt worden war, einer zeitgemäßen Modernisierung unterzogen. Dabei wurde beispielsweise die Wellblechdecke der 18 m x 44 m großen Eingangshalle mit ihren Lederornamentverzierungen aus Eisenblech durch ein Rabitzgewölbe ersetzt und damit bis Ende 1937 dem Innenbereich des Empfangsgebäudes ein gänzlich zeitgemäßes Aussehen gegeben.

Interessant ist, dass von städtischer Seite der in unmittelbarer Nähe zur Kathedrale „bis zum Kämpfer der Domfenster des Hochschiffes" reichende Uhrenturm des Empfangsgebäudes als störend empfunden wurde und auch über dessen Umgestaltung nachgedacht wurde. Seitens der Deutschen Reichsbahn vertrat man jedoch die Auffassung, dass ein substanzieller Eingriff mehr Gefahren denn Vorteile berge. Im Zusammenhang mit den anstehenden Umbauarbeiten wurden obendrein Stimmen laut, die weiter südlich im Bereich des Güterbahnhofs Gereon eine generelle Neuanlage des Hauptbahnhofes forderten. Derartige Absichten konkretisierten sich sogar soweit, dass es bereits ernsthafte Bestrebungen gab, rund 200 m südöstlich vom Hansaring ein neues Empfangsgebäude mit einem großzügigen Bahnhofvorplatz anzulegen – der Ausbruch des Zweiten Weltkriegs erstickte allerdings weiterreichende Überlegungen im Keim.

Die Auswirkungen des Zweiten Weltkriegs sollten die Rheinmetropole dann auch in aller Härte treffen. Gegen Köln wurde bereits im Mai 1942 der erste „Tausend-Bomber-Angriff" geflogen. Die von den Briten entwickelte Strategie der unmittelbaren Zerstörung durch Flächenbombardements gleich auch noch einen Feuersturm zu entfachen, wurde just in Köln erstmals höchst erfolgreich durchgeführt – mit der traurigen Gewissheit, dass bei Kriegsende die Kölner Altstadt nahezu komplett zerstört war. Schwacher Trost: Der Dom wurde bei

Bild 6 – Ein Standortwechsel auf die gegenüberliegende Kopfseite der Hohenzollernbrücke ermöglichte die Ansicht aus dem Jahr 1935 mit der rangierenden 91 1000 des Bw Köln Bbf. Auffallend ist, dass die Lokomotive mit nur einer Laterne unterwegs ist.

den Bombardements bewusst verschon, so dass auch der unmittelbar daneben befindliche Hauptbahnhof halbwegs glimpflich davonkam. Dennoch war von der stattlichen Bahnsteighalle kaum mehr als das nackte Gerippe übrig geblieben. Kaum besser kam die Bahnsteighalle beim rechtsrheinischen Bahnhof Deutz davon.

Was die Bomben nicht schafften, erledigten nach dem Krieg die Abrissbirnen einschlägiger Abbruchunternehmen. Das alte Empfangsgebäude wurde bis 1957 durch den bis heute vorhandenen Neubau ersetzt, dem im Zuge der anstehenden Elektrifizierung alsbald auch die markanten Portaltürme der Hohenzollernbrücke folgen sollten – eine aus heutiger Sicht nur schwer nachvollziehbare Vorgehensweise; städtebaulich allemal eine wenig bedachte Entscheidung. Damit nicht genug: Unter Verwendung von reichlich Be-

Bild 7 – Abermals im Jahr 1935 festgehalten, verlässt hier Lok 38 2652 des Bw Dieringhausen den Hauptbahnhof vor einem Personenzug, den sie entlang der Aggertalbahn in heimatliche Gefilde bringen wird. Die Perspektive verdeutlicht anschaulich die Koexistenz von Hauptbahnhof und Dom. Links von der Bahnsteighalle sind der Uhrenturm, die Kuppel der Schalterhalle und davor die Hallenerweiterung (1909 - 1915) zu erkennen. Sehenswert ist ganz nebenbei auch der Lampenmast mit der über eine Freileitung geführten Stromzufuhr.

Aufnahmen (2): RBD Köln (Felten), Bildarchiv der Eisenbahnstiftung

Bild 8 – Versunkene Welt einer einstmals majestätischen Stadt. Der Zugang zur Rheinuferbahn bei der Straßenauffahrt der Hohenzollernbrücke, die die Reisenden schon in den 1930er Jahren im 30-Minuten-Takt zwischen Köln und Bonn beförderte. Der gewählte Blickwinkel nahe dem Portal der Hohenzollernbrücke zeigt linkerhand die das Motiv begrenzende Galerie, an deren Ende auf steinernem Postament eines der vier die Endpunkte der Hohenzollernbrücke markierenden Reiterstandbilder der preußischen Hohenzollern-Dynastie steht, hier ist es seine Majestät Kaiser Wilhelm II. (Aufnahme von 1934).
Aufnahme: RBD Köln (Felten), Bildarchiv der Eisenbahnstiftung

ton verstand man es mit der Domplatte dem Ganzen bis 1968 die Krone aufzusetzen. Nun war das historisch gewachsene Umfeld zwischen Hauptbahnhof und Dom endgültig bis zur Unkenntlichkeit verändert worden. Erst durch die bis 2005 im Zuge der Umgestaltung des Bahnhofsvorplatzes angelegte Freitreppe konnte dieser städtebauliche Fauxpas deutlich entschärft werden.

Seitens der Bahn wertete man die Elektrifizierung des Kölner Hauptbahnhofs als herausragenden Meilenstein: „Der 5. Mai 1959 wird in die Geschichte des deutschen Eisenbahnwesens eingehen. An diesem Tag wurde das elektrische Bahnnetz von Nord- und Süddeutschland mit der Inbetriebnahme der Strecke Düsseldorf – Köln – Remagen zusammengeschlossen. Gleichzeitig ist der viergleisige Wiederaufbau der Kölner Hohenzollernbrücke vollendet worden", so die einleitenden Worte eines Beitrags über die bedeutende Nachkriegs-Elektrifizierungsmaßnahme der Bundesbahn in der Kundenzeitschrift „Rad und Schiene" (Ausgabe Nr. 5/1959). In einem Festakt wurde das Ereignis dann auch gebührend gewürdigt. Ausgehend von Bonn und Düsseldorf fuhren am 5. Mai 1959 offiziell die beiden ersten elektrischen, mit Lokomotiven der Baureihe E 10 bespannten Züge in den Kölner Hauptbahnhof ein. Bereits im Vorfeld konnte seit dem 17. November 1958 der gesamte Güterverkehr von Köln-Gereon bzw. Köln-Eifeltor südwärts elektrisch gefahren werden. Mit dem am 31. Mai 1959 beginnenden Sommerfahrplan lief dann offiziell der elektrische Zugbetrieb über den Hauptbahnhof. Mit diesem Datum, 14 Jahre nach Kriegsende, war zugleich auch die Hohenzollernbrücke umfänglich viergleisig wiederhergestellt worden. Wie viele andere vermeintlich strategisch

Bild 9 – „Signalakrobatik" im Schatten des Doms, um 1935.

Bild 10 – Nach dem Rheinübertritt wird 39 196 mit dem Zug sogleich im Bahnhof Köln-Deutz zum Halten kommen (1932). Aufnahmen (2): RBD Köln (Felten), Bildarchiv der Eisenbahnstiftung

bedeutende Brückenbauwerke ereilte die Hohenzollernbrücke kurz vor Kriegsende am 6. März 1945 die Sprengung durch die Wehrmacht, mit der Konsequenz, dass alle Kölner Rheinübergänge mehr oder weniger stark zerstört waren. Als erste der Rheinbrücken konnte im Frühjahr 1946 die Südbrücke zumindest provisorisch wieder hergerichtet und durch Züge befahren werden. Nach zweijähriger Bauzeit kam neben den diversen Straßenbrücken am 9. Mai 1948 auch noch die Hohenzollernbrücke hinzu, von der allerdings zunächst nur einer der beiden Brückenzüge provisorisch, Ende November 1952 wieder mit Mittelbogen, in der bis heute gültigen Form hergestellt werden konnte. Die Instandsetzung des Straßenbrückenzugs wurde nicht wieder verfolgt.

Nach der generellen Beseitigung der Kriegsschäden an der Eisenbahninfrastruktur stellten sich nennenswerte Veränderungen erst wieder im Zusammenhang mit der Erweiterung auf der rückwärtigen, dem Breslauer Platz zugewandten Seite des Haupt-

Bild 11 – Das geschulte Auge des Fotografen machte im Jahr 1938 diese gekonnt umgesetzte Momentaufnahme möglich. Es ist gut vorstellbar, dass die sonntäglich gekleidete Dame die Rheinseite nur deshalb wechselte, um einem Gottesdienst in einer der bedeutendsten Kathedralen überhaupt beizuwohnen – welcher Gläubige nimmt da nicht gerne einen längeren Fußweg in Kauf? Bei aller christlicher Demut weckte die entgegenkommende 39 150 (Bw Köln Bbf) dann doch auch die Aufmerksamkeit der strammen Schrittes schreitenden Passantin.
Aufnahme: RBD Köln (Felten), Bildarchiv der Eisenbahnstiftung

bahnhofs ein. Entlang der ehemaligen Maximinenstraße entstand bis 1975 eine Brückenkonstruktion aus Beton mit den aufgeständerten Gleisen 10 und 11 samt Mittelbahnsteig. Die Gleiserweiterung erfolgte vor dem Hintergrund des Ausbaus der Kölner S-Bahn. Genauso begannen am 8. März 1985 die Bauarbeiten zur Erweiterung der Hohenzollernbrücke um einen dritten Brückenzug, der 1988 fertiggestellt und für den S-Bahn-Verkehr mit dem Fahrplanwechsel am 2. Juni 1991 umfänglich genutzt werden konnte. Gleichzeitig unterzog man das denkmalgeschützte Mittelschiff der Bahnsteighalle einer Generalsanierung (1983 bis 1987). Als vorläufiger Schlusspunkt wurden dann noch bis 1988/89 rheinseitig die alten Vorhallendächer abgerissen und durch eine neue Konstruktion ersetzt.

Als weiterer Schritt erfolgte nach dem Muster des Leipziger Hauptbahnhofs in den Jahren 1999/2000 die Umgestaltung der Eingangsebene, womit der Kölner Hauptbahnhof den Status eines „Konsumtempels mit Gleisanschluss" erlangte. Das unter dem Namen „Colonaden" realisierte Projekt umfasst seither mit einer Verkaufsfläche von 11.500 m² nicht weniger als 70 Geschäfte und Gastronomiebetriebe. Für den anspruchsvollen Reisenden befindet sich über dem Reisezentrum auf Gleis 1 auch eine DB-Lounge. Über derartige Lounges verfügen gerade einmal 15 deutsche Großstadtbahnhöfe. Neben Köln gibt es überhaupt nur vier weitere Lounges mit separatem 1.-Klasse-Bereich. Eine Besonderheit ist die im Zuge des Umbaus installierte vollautomatische Gepäckschließfachanlage mit über 1.000 unterirdisch gelegenen Gepäckfächern.

Gegenwärtig lässt noch die abschließende Neugestaltung des Breslauer Platzes zum Rhein hin auf sich warten. In diesem Zusammenhang bleibt nur zu hoffen, dass dann endlich auch die Traglufthalle des Musical-Dome aus dem Stadtbild verbannt wird. Im Jahr 1996 als zeitlich befristetes Provisorium errichtet, konnte sich die „ästhetische Provokation" bis dato an diesem exponierten Standort äußerst dauerhaft behaupten. Die derzeit noch von der Oper Köln (bis zum Abschluss der Sanierung der Kölner Oper am Offenbachplatz) für die Spielzeit 2012/13 übergangsweise als Ausweichquartier („Oper am Dom") genutzte Traglufthalle soll danach – darf man den jüngsten Verlautbarungen Glauben schenken – nun aber doch vom Breslauer Platz entfernt werden.

Dass Köln seit jeher von bedeutenden Zügen frequentiert wird, ist allein schon darin begründet, dass sich hier national und international wichtige Verkehrsachsen kreuzen. Allen voran definierte die Deutsche Reichsbahn mit der Einführung des „Rheingold" den Begriff des komfortablen Reisens völlig neu. Der als FFD 101/102 verkehrende „Rheingold" fuhr am 15. Mai 1928 erstmals von Hoek van Holland nach Basel SBB und zurück und tangierte auf seinem Weg unmittelbar auch Köln. Die eigens gebauten Pullmannzüge mit ihrer gediegenen Inneneinrichtung wurden zum Inbegriff des luxuriösen Reisens auf einem nie wieder erreichten Niveau. Der „Rheingold" wurde natürlich mit dem Besten, was der deutsche Lokomotivbau hervorbrachte, bespannt. Auf dem nördlichen Abschnitt vom Grenzbahnhof Zevenaar über Köln bis Mannheim waren es keine geringeren als die bayerische S 3/6 (18^5) des Bw Wiesbaden und im weiteren Verlauf bis Basel SBB die IV h (18^3) des Bw Offenburg. Ab 1939

Bild 12 – Die Hohenzollernbrücke in ihrer Funktion als kombinierte Eisenbahn- und Straßenbrücke. Der südliche Brückenzug ermöglichte den Trambahnen genauso wie dem Individualverkehr den ungehinderten Rheinübertritt. Hier sind es gleich drei Straßenbahnwagen der Kölner Verkehrsbetriebe, die flankiert von einem Schnellzug über den Rhein rumpeln. Die Linie 19 mit dem Wagen Nr. 837 verbindet unverkennbar das linksrheinische Köln mit dem rechtsrheinisch, zwischen den Stadtteilen Deutz und Mülheim gelegenen Rheinpark (1932). Aufnahme: RBD Köln (Felten), Bildarchiv der Eisenbahnstiftung

Bild 13 und 14 – Vor Erscheinen der Einheitslokomotiven der Baureihen 01 und 03 waren es maßgeblich die Maschinen der S 10-Familie, die das Bild des Schnellzugverkehrs in Preußen und damit auch in Köln bestimmten – unter anderem mit den Maschinen der „Königsklasse" der Gattung $S\,10^1$ (Baureihe 17^{10}) mit Vierzylinderverbundtriebwerk, hier vertreten durch die von auswärts kommende 17 1144 beim Zwischenhalt an der Westseite des Hauptbahnhofs im Jahr 1937 dokumentiert.

Aufnahmen (2): RBD Köln (Felten), Bildarchiv der Eisenbahnstiftung

kam das neue Paradepferd, die Baureihe 01, vor dem „Rheingold" zu Ehren, bis der Zweite Weltkrieg auch diesem nicht kriegswichtigen Zug ein jähes Ende setzte.

Köln wurde beizeiten in das Schnelltriebwagen-Netz der „Fliegenden Züge" eingebunden. Am 30. Juni 1935 absolvierte der „Fliegende Kölner" mit den Schnelltriebwagen der Bauart „Hamburg" zwischen Köln und Berlin seine Jungfernfahrt. Kurz vor dem Zweiten Weltkrieg war dann auch noch der Schnelltriebwagen der Bauart „Köln" mit Beginn des Sommerfahrplans am 15. Mai 1939 als FDt 49/50 Basel DRB – Frankfurt (Main) – Köln – Dortmund und zurück in das Schnelltriebwagen-Netz, das nun zwischen der Hauptstadt Berlin und den Großstädten Hamburg, Köln, Frankfurt (M) und Beuthen (Oberschlesien) bestand, eingebunden worden. Bei Kriegsausbruch war damit genauso mit einem Schlag alles vorbei, wie mit derart herausragenden Leistungen z. B. des L 51/52 „Ostende-Wien-Expreß" Istanbul/Bukarest – Wien – Nürnberg – Frankfurt (M) – Köln – Ostende/Amsterdam oder des FD 263/264 Eger/München – Würzburg – Frankfurt – Köln – Hoek van Holland und zurück – um nur einige herausragende Zugläufe zu nennen.

Trotz der immensen Schäden mischte der Kölner Hauptbahnhof nach Kriegsende an vorderster Front als wichtiger Verkehrsknoten mit, als es den nationalen wie auch internationalen Reisezugverkehr im nun geteilten Deutschland neu zu formieren galt. Ab 17. Dezember 1946 gelang mit dem zweimal wöchentlich über Köln verkehrenden Zuglauf Hoek van Holland – Basel SBB ein denkbar früher Neustart des „gehobenen"

Bild 15 und 16 – Die gewaltigen stählernen Überbauten der alten Hohenzollernbrücke im Zusammenspiel von Licht und Schatten müssen geradezu den Tatendrang eines jeden engagierten Fotografen beflügelt haben. Der ungeheure, nie abreißende Verkehrsfluss tat ein Übriges, dass die Hohenzollernbrücke mit ihren endlosen Möglichkeiten der Motivwahl nicht umsonst einmal als Deutschlands meistfotografierte Brücke galt, so man der Überlieferung Glauben schenken darf. Und wer weiß, womöglich ist sie es noch heute! Aufnahmen (2): RBD Köln (Felten), Bildarchiv der Eisenbahnstiftung

Fernverkehrs, bis mit dem Beginn des Sommerfahrplans am 20. Mai 1951 der „Rheingold" belebt wurde und gleichzeitig das neue F-Zug-Netz an den Start ging. Im Sommer 1952 wurde dann die markante „Rheinblitz-Gruppe" ins Leben gerufen. Dabei handelte es sich um die in Dortmund zeitnah nacheinander startenden Ft 38/138 über Duisburg bzw. Ft 28/8 über Wuppertal, die in Köln aufeinander trafen, um südwärts die aus mehreren Triebwagen bestehende „Rheinblitz"-Gruppe den Weg entlang des Rheins bis Mainz zu bestreiten. In Mainz trennten sich ihre Wege wieder, der Ft 38/138 fuhr über Frankfurt (M) nach Würzburg und der Ft 28/8 nach Mannheim, wo sich die Wege der Triebwagen abermals teilten.

Zum Einsatz gelangten aufgearbeitete Schnelltriebwagen der Vorkriegszeit, wie die SVT 04^0, SVT 04^5, SVT 06^1, SVT 06^5, VT 07^5 sowie bald auch die ersten neuen VT 08^5. Mit Beginn des Winterfahrplans 1953 fuhren VT 08^5 des Bw Hamburg-Altona als Ft 77/78 „Helvetia" Hamburg-Altona – Zürich HB – Hamburg-Altona über Köln. Nun traten in Köln mehr und mehr die Triebfahrzeuge der Wirtschaftswunderjahre in Erscheinung, ab 1955 die

Bild 17 – Der Hauptbahnhof in Fahrtrichtung Hohenzollernbrücke betrachtet. Am Bahnsteig warten eine unbekannte 38^{10} und 03 132 des Bw Dortmunderfeld, die mit einem genieteten Einheitstender der Bauart 2'2'T 3 gekuppelt ist, auf Ausfahrt. Obwohl der Fotograf seinen Standpunkt innerhalb der Hallenerweiterung eingenommen hat, wurde sichtlich die weiße Pracht doch auch ein Stück weit auf den überdachten Teil des Bahnsteigs geweht. So ergab sich im diffusen Licht eines trüben Wintertages diese trefflich umgesetzte Momentaufnahme. Das seitlich einfallende Streiflicht lässt die Nietenreihen des Tenders geradezu plastisch erscheinen (1937).

Aufnahmen (2): RBD Köln (Felten), Bildarchiv der Eisenbahnstiftung

Bild 18 – Bei dieser Perspektive hatte der Fotograf als Standpunkt den Fußweg im Bereich der Straßenbrücke eingenommen. Die Auffahrt auf die Hohenzollernbrücke durch den monumentalen Torbogen des mittleren Brückenzugs wurde mit 17 071 vor dem E 110 verewigt (Aufnahme von 1933).

V 200 des Bw Frankfurt (M)-Griesheim mit dem F 33/34 „Gambrinus" Frankfurt (M) – Köln – Hamburg-Altona. Mit dem am 2. Juni 1957 gültigen Sommerfahrplan kam der internationale Trans-Europ-Express (TEE) mit den neuen Dieseltriebzügen der Baureihe VT 11^5 hinzu.

Aufgrund der positiven Erfahrungen seit Einführung der TEE-Dieseltriebzüge der Baureihe VT 11^5 sah sich die Deutsche Bundesbahn veranlasst, auch über eine Neuauflage des „Rheingold" nachzudenken. Wiederum aus gänzlich neu konzipierten Wagen gebildet, ging er am 27. Mai 1962 mit den auf eine Höchstgeschwindigkeit von 160 km/h ertüchtigten Neubau-Elloks der Baureihe E 10 an den Start. Anfangs mit Lokomotiven der laufenden Serie (E 10 1265 – 1270) bespannt, wurden sie später von Schwestermaschinen mit der eigens kreierten windschnittigen Stirnpartie („Bügelfalten"-E 10 1265 – 1270) abgelöst. Im Herbst 1963 kam in gleicher Aufmachung das Zugpaar F 21/22 „Rheinpfeil" Dortmund – Köln – Frankfurt (M) – Nürnberg – München hinzu. Die einstige Vorrangstellung des „Rheingold" in puncto Komfort gab man schließlich zugunsten einheitlicher Standards bei den TEE- und InterCity-Zügen mit einer Höchstgeschwindigkeit von bis zu 200 km/h auf. Genau drei Jahrzehnte nach Einführung der internationalen Trans-Europ-Express-Züge wurden diese von den „neuen Qualitätszügen in Europa", dem EuroCity (EC), gänzlich abgelöst. Damit war auch das Ende für den „Rheingold" TEE 14/15 Amsterdam – Basel – Amsterdam am 30. Mai 1987 besiegelt. Nun galten für alle hochwertigen Schnellzüge einheitliche Standards, die das 1979 eingeführte IC 79-Programm vorgab, das von der Deutschen Bundesbahn unter dem Slogan „Jede Stunde, jede Klasse" angepriesen wurde. Bis zum Erscheinen der Baureihe 101 ab 1998 waren die IC/EC-Züge das Refugium der Baureihe 103 (später zusammen mit der Baureihe 120). Heute fällt den mit der Baureihe 101 gefahrenen InterCity-Wagenzügen nur noch eine Nebenrolle zu, denn spätestens seit Inbetriebnahme der Neubaustrecke Köln – Rhein/Main im Jahr 2002 dominieren unübersehbar die unterschiedlichen ICE-Triebzüge das Geschehen.

Der Hauptbahnhof wird täglich von weitaus mehr als 1.000 Zügen aller Zuggattungen frequentiert und gilt im internationalen Verkehr mit Europa als wichtigster deutscher Bahnhof. Von hier aus fahren Schnellzüge wie der ICE oder Thalys nach Paris, Amsterdam, London oder Brüssel. Deutschlands größter Flughafen, der Frankfurter Airport, ist von Köln aus über die Hochgeschwindigkeitsstrecke in nur etwas mehr als einer Stunde erreichbar. Mit der Neubaustrecke wurde zudem der Flughafen Köln/Bonn unmittelbar an den S-Bahn-, Regional- und Fernverkehr angebunden.

Im deutschen Eisenbahnnetz nimmt der Kölner Hauptbahnhof aufgrund seiner geographischen Lage als Schnittstelle der Nord-Süd-Verkehrsströme, über die Neubaustrecke Köln – Rhein/Main genauso wie über die traditionsreiche Rheinschiene durchs Mittelrheintal sowie die Ost-West-Verkehrsströme eine bundesweit dominierende Rolle ein. Darüber hinaus ist der in Sichtweite, lediglich 1.200 m vom Hauptbahnhof im rechtsrheinischen Kölner Stadtteil Deutz gelegene Bahnhof Köln Messe/Deutz (bis Ende 2004 Bf. Köln-Deutz) ein wichtiger Anlaufpunkt für den Fernverkehr, vor allem aber für die vielen Regional- und S-Bahnzüge. In Ost-West-Richtung, also in Richtung Köln Hauptbahnhof, verkehren die Züge über Deutz-Hoch, in Nord-Süd-Richtung rechtsrheinisch über Deutz-Tief. Zur Entlastung des Hauptbahnhofs enden bzw. beginnen

Bild 19 (oben) – Eine preußische T 3 der Cölner Hafenbahn rangiert um 1930 im Hafenbereich am Agrippinaufer Bierwagen der Dortmunder Union-Brauerei.

Bild 20 (unten) – Der Triebwagen 520 der Köln-Bonner Eisenbahnen (KBE) auf der seit 1906 zwischen den namensgebenden Städten in Betrieb befindlichen elektrischen Rheinuferbahn. Wegen des hellen Anstrichs der Triebwagen wurde die Rheinuferbahn im Volksmund auch als „Weiße Bahn" bezeichnet (Aufnahme von 1938).

Aufnahmen (2): RBD Köln (Felten), Bildarchiv der Eisenbahnstiftung

Bild 21 (oben) – Die Ostausfahrt des Hauptbahnhofs bei winterlichen Verhältnissen aus eher ungewohnter Perspektive mit einer am Bahnsteig Wasser nehmenden preußischen P 8 (Baureihe 38^{10}) gesehen, aufgenommen vom Vierungsturm der Basilika Groß St. Martin im Winter 1938. Zugleich veranschaulicht die Ansicht mit der unterhalb fahrenden Tram, dass die Straße vom Dom hinauf zur Hohenzollernbrücke stetig ansteigt. Die großflächige Giebelwerbung jenseits der Gleise links hinten verweist nicht etwa auf ein heimisches Kölsch, sondern auf das beim Hotel Neunzig im Ausschank befindliche König Pilsener.

Bild 22 (unten) – Die Unterführung der Ursulastraße in der Kölner Altstadt nahe dem Hauptbahnhof mit ausfahrender preußischer P 8. Die sogleich ins Auge stechende NS-Propaganda mit dem Wortlaut „Kampf dem Hunger und der Kälte" mit dem darunter befindlichen Warnhinweis hat fast schon makabre Züge angesichts der Tatsache, dass die Menschen bald in aller Deutlichkeit zu spüren bekommen sollten, was Hitlers kriegstreiberische Absichten zu bewirken vermochten: Sie brachten nicht nur über Köln Tod und Verderben ungeahnten Ausmaßes.

Bild 23 (rechte Seite) – Prächtiger Blick aus dem nördlichen Brückenturm der Hohenzollernbrücke auf den Hauptbahnhof im Zustand des Jahres 1932 mit der umliegenden Bebauung. Rechts vom Dom am Bahnhofsvorplatz das Deichmannhaus, davor der Uhrenturm des Empfangsgebäudes. Über den First der mächtigen Bahnsteighalle mit der vorgelagerten Hallenerweiterung ragt die katholische Pfarrkirche St. Mariä Himmelfahrt empor. Vorne rechts das Ämtergebäude. Als weiterer markanter Bezugspunkt im Hintergrund das Hansahochhaus.

Aufnahmen (3): RBD Köln (Felten), Bildarchiv der Eisenbahnstiftung

viele Züge im Bahnhof Köln Messe/Deutz, um im angegliederten Zugbildungsbahnhof Deutzerfeld mit dem ansässigen Bahnbetriebswerk behandelt zu werden. Die Anlagen sind heute hauptsächlich auf die Belange des Regionalverkehrs abgestimmt, aber genauso werden dort beispielsweise die Thalys-Triebzüge abgefertigt. Als Gegenpart steht linksrheinisch der dem Hauptbahnhof südwestlich vorgelagerte Betriebsbahnhof für die Belange des Fernverkehrs zur Verfügung, wo maßgeblich die ICE-Triebzüge ihre Heimstätte haben.

Was der Hauptbahnhof und der Bahnhof Köln Messe/Deutz für die Belange des Personenzugverkehrs sind, sind die Bahnhöfe Köln-Eifeltor und Gremberg für den Güterzugverkehr. Der Umschlagbahnhof Köln-Eifeltor umfasst maßgeblich das Container-Terminal, das heute von einer Tochter der Deutschen Bahn, der Deutschen Umschlaggesellschaft Schiene-Straße (DUSS) GmbH, betrieben wird. Das im Februar 1969 in Betrieb gegangene Container-Terminal gehört heute zu den ganz Großen hierzulande. Als weitere bundesweit bedeutende Einrichtung wäre der im Südosten Kölns im rechtsrheinischen Stadtteil Gremberghoven gelegene Rangierbahnhof Gremberg aus dem Jahr 1924 zu nennen. Den Zeitumständen entsprechend immer wieder angepasst und modernisiert, zählt er bis heute zu den ganz Großen. Das angegliederte moderne Kombiwerk mit Lok- und Wagenunterhaltung ist für die Lokgestellung im Güterverkehr die alles entscheidende Kölner Einrichtung.

Bild 24 (links) – Unweit des Bahnhofs Köln Süd passiert im Jahr 1938 eine mit einem „Langlauftender" der Bauart 2'2' T31,5 ausgerüstete preußische P8 die Signalbrücke mit dem Hp 2 „Langsamfahrt" zeigenden Formsignal. Erwähnenswert ist zudem das über den Langkessel der Lokomotive hinausragende dreiflügelige Signal. Es signalisiert die Fahr- und Abzweigmöglichkeiten mit den Signalstellungen Reisebahn nach Kalscheuren (Hp 1), Einfahrt in den Güterbahnhof Köln-Eifeltor (Hp 2) oder Fahrt zur Südbrücke in Richtung Gremberg (Hp 3). Abgeschafft wurde das dreiflügelige Signal von der Deutschen Bundesbahn übrigens im Jahr 1953.

Bild 25 (rechts) – Vom Betriebsbahnhof kommend, bringt 38 3247 des Bw Wuppertal-Langerfeld einen Leerreisezug zum nahen Hauptbahnhof. Überwiegend triste Ziegelsteingiebel flankieren den Weg der Eisenbahn. Da musste ein verputzter Giebel mit Werbung natürlich hervorstechen. Das eidgenössische Unternehmen hatte sich bereits zeitig auf den Weg begeben, durch allerlei Fusionen an die Weltspitze der Lebensmittelkonzerne zu streben. Groß geworden ist Nestle tatsächlich durch die hier angepriesene süße Versuchung. Das in den Jahren 1924/25 im Stil des Backsteinexpressionismus erbaute Hansahochhaus blickte zum Zeitpunkt der im Jahr 1932 entstandenen Ansicht auf ein erst noch junges Dasein zurück.
Aufnahmen (2): RBD Köln (Felten), Bildarchiv der Eisenbahnstiftung

Bild 26 (rechte Seite) – Eine prächtige Stadtansicht von der „schäl Sick" über den Rhein auf den Dom mit der imposanten Teilansicht der Hohenzollernbrücke um 1935. Davor liegt die „Carl Huber" (Raab Karcher VII) vor Anker, einer der zahlreichen, nicht nur unter der Flagge der Reederei Raab Karcher & Cie fahrenden Seitenradschlepper wie sie für die Rheinschifffahrt dereinst typisch waren, bis sich dann auch dieser Schiffstyp dem technischen Fortschritt im Schiffbau beugen musste und bis Anfang der 1960er Jahre ganz stiekum vom Rheinstrom verschwunden war. Am Rheinufer das alte Geschäftsgebäude der Reichsbahndirektion Köln aus dem Jahr 1856, ehedem Verwaltungsgebäude der Rheinischen Eisenbahn-Gesellschaft.
Aufnahme: RVM (Römer), Bildarchiv der Eisenbahnstiftung

RAAB KARCHER & C. No. VII
Carl Huber

Bild 27 – Am Hausbahnsteig des Hauptbahnhofs steht am 30. Juni 1935 der FDt 17 „Fliegende Kölner" zu seiner Jungfernfahrt nach Berlin bereit. Nach nicht einmal fünfeinhalb Stunden wird der Schnelltriebwagen an seinem Ziel, dem Bahnhof Berlin-Friedrichstraße, ankommen. Auf der 580 Kilometer messenden Distanz erreicht er auf dem Abschnitt Hannover – Berlin eine durchschnittliche Reisegeschwindigkeit von 132,57 km/h.

Aufnahme: Presse Illustrationen Hoffmann, Bildarchiv der Eisenbahnstiftung

Bild 28 – Aufnahmen, die die „Fliegenden Züge" unmittelbar in Köln im Einsatz zeigen, sind eher selten. Der Fotograf Theo Felten versäumte es dennoch nicht, bei seinen Fotostreifzügen im Auftrag der Deutschen Reichsbahn durch Köln auch den SVT 137 der Bauart Hamburg auf der Hohenzollernbrücke gekonnt in Szene zu setzen. Die Perspektive veranschaulicht zugleich auch sehr schön die Ausrichtung der Hohenzollernbrücke auf die Mittelachse des Doms. Um die Türme exakt mittig zwischen den beiden Fachwerkbogen ins Bild zu bekommen, musste sich Felten mit seiner Kamera im Gegengleis postieren (1936).
Aufnahme: RBD Köln (Felten), Bildarchiv der Eisenbahnstiftung

Bild 29 (rechts) – Der Motivklassiker darf selbstverständlich genauso wenig fehlen, hier der Blick vom Brückenportal der Hohenzollernbrücke auf den auslaufenden zweiteiligen Schnelltriebwagen VT 877 a/b, der vermutlich anlässlich einer Präsentationsfahrt auch Köln einen Besuch abstattete. Bei diesem Fahrzeug handelte es sich um den Urahn der Schnelltriebwagen, der ab 1933 im planmäßigen Schnellverkehr Berlin – Hamburg als „Fliegender Hamburger" Furore machte und Anstoß gab zur Schaffung eines von Berlin ausgehenden, die wichtigsten deutschen Großstädte verbindendes Schnellverkehrsnetzes. Weshalb bei dieser Vorlage die rechte Domhälfte eine kräftige Retusche erfuhr, das erschließt sich dem Betrachter nicht wirklich (1936).
Aufnahme: RVM, Bildarchiv der Eisenbahnstiftung

Bild 30 – Vom Hansahochhaus aus ist diese beeindruckende Ansicht von Köln im Zustand der frühen 1930er Jahre entstanden. Sie zeigt den alles überragenden Dom, und natürlich den in der Altstadt liegenden Hauptbahnhof mit der westlichen Gleiszuführung. In der Verlängerung der Bahnsteighalle ist der Rhein mit der „Deutzer Hängebrücke" und links davon die gewaltige Hohenzollernbrücke mit den Ecktürmen auszumachen. Die Perspektive verdeutlicht darüber hinaus, weshalb Köln auch als Stadt der romanischen Kirchen gilt. Neben dem Längsschiff des Doms ist der Vierungsturm von Groß St. Martin und gleich daneben vor dem Dom die Pfarrkirche St. Maria Himmelfahrt auszumachen. Im Vordergrund sticht unverkennbar die Basilika St. Ursula hervor. Aus dem rechtsrheinischen Deutz grüßen die Türme der Pfeilerbasilika St. Heribert herüber. Rechts des Doms zeichnet sich am Horizont schemenhaft gleich auch noch die Kölner Südbrücke ab.
Aufnahme: Sammlung Wolfgang Clössner

Bild 31 – Momentaufnahme von der Westseite des Kölner Hauptbahnhofs an einem sonnigen Nachmittag des Jahres 1932. An den Bahnsteigen neben dem Reiterstellwerk warten eine 01 und eine 38^{10} mit ihren Zügen auf Ausfahrt. Rechterhand rollt der FFD 101 „Rheingold" Basel SBB – Hoek van Holland ein. Der Standort des Fotografen auf der nebenstehenden Aufnahme (Bild 30) zu erkennen. Es ist das Flachdach des links hinten im rechten Winkel zur Bahn stehenden Wohngebäudes.
Aufnahme: RVM, Bildarchiv der Eisenbahnstiftung

Bild 32 und 33 (links) – Gleich vier Maschinen der Baureihe 38^{10} belegen die Gleise 6 bis 9, allen voran verlässt Lok 38 2027 mit ihrem Zug die Szenerie westwärts. Bei aller Betriebsamkeit versäumte es der Fotograf nicht, von seinem exponierten Fotostandpunkt aus gleich auch noch die Kamera gezielt auf den Dom zu richten, um ihn mit seinen hochragenden Türmen komplett auf Film zu bannen.
Aufnahmen (2): Dr. Walter Scheer, Sammlung Hans-Peter Arenz

Bild 34 (unten rechts) – Der Maximinenstraße rheinwärts bis zum Breslauer Platz folgend, am Hintereingang des Hauptbahnhofs, fährt im Jahr 1958 auf Gleis neun die erst wenige Monate in Dienst stehende 23 089 des Bw Krefeld ein. Der unterhalb stattfindende Kraftverkehr manifestiert nur zu nachdrücklich den legendären Erfolg des ebenso preiswerten wie robusten VW-Bulli, auf den nicht nur Kleingewerbetreibende schwörten. Aufnahme: Sammlung Till Mosler

Bild 35 (rechte Seite) – Das auf Seite 25 abgebildete Reiterstellwerk hat den Krieg nicht überdauert. Es wurde bei Kampfhandlungen nahezu völlig zerstört und nicht wieder aufgebaut. An dessen Stelle ist übergangsweise das Stellwerk „Kf“ getreten, von wo aus die Aufnahmen entstanden sind. Links die belebte, zum Breslauer Platz führende Maximinenstraße. Hier wird sich das Bild mit der Erweiterung des Hauptbahnhofs um die Gleise zehn und elf erst noch grundlegend wandeln. Die Abbildungen vermitteln folglich die Situation vor den einschneidenden Veränderungen, die die spätere Gleiserweiterung, aber genauso auch die schon bald anstehende Elektrifizierung mit sich bringen werden. Zunächst aber ist es erst noch eine Gleisrotte, die die Gleisanlagen in Ordnung bringt.
Aufnahme: Dr. Walter Scheer, Sammlung Hans-Peter Arenz

74 1072

Die Aufnahmen dieser Doppelseite sind dem Eisenbahnbetrieb am Westkopf des Hauptbahnhofs mit seinen sichtbaren Kriegsauswirkungen gewidmet.

Linke Seite:

Bild 36 (links) – In der kleinen Abstellgruppe beim Hauptbahnhof vor dem zerstörten Erzbischöflichen Generalvikariat an der Marzellenstraße gibt die auf den nächsten Verschub-Einsatz wartende 91 1641 ein nur trostloses Bild ab (1952).
Aufnahme: Dr. Walter Scheer, Sammlung Hans-Peter Arenz

Bild 37 (oben rechts) – Am 6. Dezember 1948 wurde im Vereinigten Wirtschaftsgebiet (Bizone) zwischen Westfalen- und Mainmetropole als Tagesverbindung für Behörden- und Geschäftsreisende der Schnelltriebwagenlauf des Dt 49/50 Dortmund – Frankfurt/Main – Dortmund aufgenommen, der mit zwei VT 33 und mittig eingestelltem VS 145 gefahren wurde. Im März 1949 verlässt eine solche Garnitur nach kurzem Zwischenstopp als Dt 50 den Hauptbahnhof.
Aufnahme:Fischer, Bildarchiv der Eisenbahnstiftung

Bild 38 (unten) – Detailstudie aus dem Jahr 1955 beim Hauptbahnhof mit 74 1072 vor kriegsgezeichneter Hausfassade an der Maximinenstraße.

Bild 39 (rechts) – Das Abziehen und Bereitstellen der Wagen im Hauptbahnhof oblag in den frühen Nachkriegsjahren maßgeblich noch den Maschinen der preußischen Gattung T 9 (Baureihe 91), hier vertreten von der am Bahnsteig tätigen 91 958.
Aufnahmen (2): Dr. Walter Scheer, Sammlung Hans-Peter Arenz

Bild 40 und 41 – Die Signalbrücke auf Höhe des Hansarings passiert im Jahr 1948 eine beinahe reinrassige preußische Zugkomposition, gebildet aus Lok 38 3448 mit Oberlichtpackwagen und diversen dreiachsigen Abteilwagen. Vom selben Standpunkt aus entstand im Jahr 1950 die Ansicht mit dem ausfahrenden VT 36 511 des Bw Köln Bbf. Nach Verlassen des Hauptbahnhofs führt der Weg des im Städte-Schnellverkehr zwischen Köln und Aachen eingesetzten Vorkriegstriebwagens zunächst dicht an den Häusergiebeln entlang. Unverkennbar hat sich in der Zeit zwischen den beiden Aufnahmen einiges getan: nicht nur, dass die Gleise vom Unrat befreit wurden, auch macht der Wiederaufbau jenseits der Gleise erkennbare Fortschritte. Aufnahmen (2): Fischer, Bildarchiv der Eisenbahnstiftung

Bild 42 – Der Wiederaufbau schreitet mit großen Schritten voran, dabei zeigte sich die Bundesbahn allzu gerne von der fortschrittlichen Seite. Im Sommer 1957 sind es gleich zwei der modernen V 200⁰, die auf der Westseite des Hauptbahnhofs mit ihren Schnellzügen aus der Bahnsteighalle hervorlugen. Die vom Bw Hamburg-Altona an das Bw Hamm P abgegeben V 200 042 steht erst kurz bei ihrer neuen Dienststelle im Einsatz, deren Weg sie fortan auch regelmäßig über Köln führen wird. Daneben V 200 003, eine der 1953/54 in fünf Exemplaren von Krauss-Maffei an die Bundesbahn gelieferten Vorserienmaschinen des Bw Frankfurt/M-Griesheim. Die Serienlieferung dieser Baureihe erfolgte übrigens ab 1956, an der sich neben Krauss-Maffei auch die Maschinenbau Kiel GmbH (MaK) beteiligte. Aufn.: Dr. Walter Scheer, Slg. Hans-Peter Arenz

Glanz und Elend: Ansichten eines Hauptbahnhofs

Bild 43 (links) – Das langgezogene Empfangsgebäude des Hauptbahnhofs mit seinem markanten Uhrenturm, erbaut 1891 - 1894 im Stil der Renaissance, mit dem links der Eingangshalle in den Jahren 1931/32 umgestalteten Seitenflügel. Die über dem Bahnhofsvorplatz gesehene Ansicht ist noch frei von etwaigen nationalsozialistischen Symbolen, dürfte somit kurz vor der Machtergreifung Hitlers im Winter 1932/33 entstanden sein. Rechts hinten ist ansatzweise der heute noch vorhandene Wartesaal auszumachen.

Bild 44 (oben rechts) – In der Gepäckhalle des Hauptbahnhofs stand den Reisenden ein großzügig gestaltetes Postamt zur Verfügung. Die die Gewölbedecke flankierenden NS-Reichsadler lassen unverkennbar erkennen, wer zwischenzeitlich das Sagen im Land hat.

Bild 45 (unten rechts) – Blick in die Schalterhalle mit den ebenso großzügig gestalteten Fahrkartenschaltern der 3. Klasse, aufgenommen im Zustand des letzten Friedensjahres 1938. Aufnahmen (3): Sammlung Gerhard

Bild 46 bis 48 – Ganz im Sinne einer zügigen Kundenabfertigung verfügte jeder Fahrkartenschalter über einen modernen Fahrkartendrucker zum Drucken der 30 x 57 mm großen Edmondsonschen Pappfahrkarten, benannt nach seinem englischen Erfinder Thomas Edmondson. In den Schränken die Fahrkarten-Druckplatten mit den unzähligen Zielbahnhöfen, die sich von Köln aus mit dem Zug erreichen ließen und nach Belieben ausgestellt werden konnten. Im Kölner Hauptbahnhof hatte man übrigens 1907 den ersten Fahrkartendrucker eingerichtet. Die Fahrkartenverkäuferinnen deuten darauf hin, dass längst Krieg herrscht und sie die an der Front kämpfenden Männer vertreten müssen. Um sie bei der Ausübung ihrer Tätigkeit adrett aussehen zu lassen, wurden sie kurzerhand in simple Kittelkleider gesteckt.

Aufnahmen (3): Sammlung Gerhard

Bild 49 bis 51 (beide Seiten) – Der Blick in die 65 m breite, 255 m lange und 24 m hohe Bahnsteighalle offenbart deren imposante Eleganz aus Eisen und Glas. Der erhöhte Standpunkt des Fotografen mit der am Bahnsteig 3b vorgefahrenen Lok 38 2056 veranschaulicht die fotografisch perfekt umgesetzte Weitläufigkeit der Hallenkonstruktion im ansonsten vom Zugbetrieb weitgehend freien Umfeld. Bei dieser Gelegenheit wurde auf Gleis 4 ebenso Lok 38 2722 vor einem Personenzug abgelichtet. Der am Hallengiebel angebrachte Schriftzug weist auf das Schokoladenimperium des Kölner Familienunternehmens Stollwerk hin. Die Perspektive vom anderen Ende der Bahnhofshalle, in Blickrichtung Rhein gesehen, zeigt dagegen die Situation mit entsprechend regem Zugbetrieb. Am Bahnsteig 3b ist Lok 78 171 zu sehen, deren Wagenmaterial mit

jenem am Bahnsteig 4b harmoniert. Das Bild wird ganz und gar von dreiachsigen preußischen Abteilwagen mit Oberlichtdächern und Bremserhaus unterschiedlicher Bauart dominiert. In der Gegenrichtung ist am Bahnsteig 3b ferner eine preußische P 10 vor einem Eilzug auszumachen. Die Garnitur besteht neben dem obligaten Gepäckwagen aus den seinerzeit topaktuellen vierachsigen Durchgangswagen in genieteter Ganzstahlausführung mit zurückgesetzten Doppeltüren. Und wieder ist am Hallengiebel eine mit Köln untrennbar verbundene Werbung auszumachen, das „Echt Kölnisch Wasser" aus dem Hause 4711. Entstanden sind die Ansichten dieser Doppelseite im Jahr 1932.

Aufnahmen (3): RVM, Bildarchiv der Eisenbahnstiftung

Bild 52 und 53 – Bei Kriegsende sind Empfangsgebäude und Bahnsteighalle von den Bombenangriffen auf Köln zwar gezeichnet, von etwaigen irreparablen Schäden kann dennoch nicht die Rede sein. Vor allem die Schalterhalle mit dem Uhrenturm hat aufgrund der unmittelbaren Nähe zum Dom die Auswirkungen des Zweiten Weltkriegs vergleichsweise gut überstanden. Schon die Tatsache, dass ungeachtet des regen Publikumsverkehrs keinerlei sichtbare Schutzvorkehrungen vor etwaigen herabfallenden Bauteilen getroffen werden mussten, sprechen für eine intakte Bausubstanz. Entstanden sind die Ansichten im Jahr 1946. Aufnahmen (3): Fischer, Bildarchiv der Eisenbahnstiftung

Bild 54
Unverkennbar waren zum Zeitpunkt der Kölner Frühjahrmesse 1951 – wenn auch zunächst nur provisorisch – erste Instandsetzungsarbeiten an dem Empfangsgebäude durchgeführt worden. Die Wellblecheindeckung des Kuppeldachs wurde ergänzt und das Portal der Schalterhalle mit einer einfachen Verglasung versehen. Auch thront an dem dafür vorgesehenen Platz hoch über dem Eingangbereich wieder eine Uhr. Lediglich die beschädigten Turmhauben hatte man abgetragen und durch flache Notdächer ersetzt.

Bild 55 bis 57 – Kontrastpunkt: Blick in die Bahnsteighalle vor und nach der Zerstörung sowie nach erfolgter Teilinstandsetzung. Bis zum provisorischen Wiederaufbau der Hohenzollernbrücke und der ersten Zugfahrt am 9. Mai 1948 endeten die von Westen kommenden Züge im Hauptbahnhof, der notgedrungen übergangsweise zum Sackbahnhof geworden war (Gleiches galt jenseits des Rheins für den Bahnhof Köln-Deutz). Der Zustand der Bahnsteighalle im Jahr 1947 dokumentiert die komplett fehlende Verglasung des Hallendachs. Damit die Reisenden bei schlechtem Wetter dennoch nicht gänzlich im Regen stehen mussten, hatte man die Bahnsteige teilweise provisorisch überdacht.

Bild 58 (rechte Seite) – Das Empfangsgebäude um 1950 im Festtagsgewand mit regem Publikumsverkehr. Der Fahnenschmuck lässt ein kirchliches Ereignis vermuten. In Erwartung der vielen Besucher von auswärts hatte man vorsorglich die klaffende Lücke in der Front der Schalterhalle mit einem glaslosen Provisorium versehen und zeigte sich obendrein bemüht, trotz der widrigen Zeitumstände dem Eingangsbereich durch die aufgestellten Pflanzkübel ein halbwegs würdiges Aussehen zu geben.

Aufnahmen (4): Fischer, Bildarchiv der Eisenbahnstiftung

Bild 59 bis 62 – Natürlich hatte der Krieg auch in der Schalterhalle seine Spuren hinterlassen, vom Glanz früherer Tage war nichts geblieben. Trotzdem fehlte es nicht an bescheidener Werbung des Düsseldorfer Wasch- und Reinigungsmittel-Herstellers, der hier mit den sinnigen Worten „Auch in Köln zum Saubermachen Henkelsachen!" wirbt. Ansonsten ist es der dezente Hinweis an die Reisenden, aufgrund der Kriegsschäden „Beim Betreten der Hallen, Bahnsteige und Treppen" Vorsicht walten zu lassen (Aufnahme von 1948). Zunehmend kehrte das Alltagsleben zurück, konnte doch zwischenzeitlich unter anderem das Aki-Kino seinen Betrieb aufnehmen. Hinter dem Kürzel stand die am 21. April 1951 in Frankfurt am Main mit dem ersten Lichtspieltheater an den Start gegangene Aktualitätenkino-Betriebs-GmbH, die noch im selben Jahr den Lichtspielbetrieb auf Köln ausweitete. Sinn und Zweck des neuen Angebots war zunächst, den Bahnreisenden beim Warten auf den Zuganschluss die Zeit mit Informationen und Unterhaltung zu verkürzen. Der Erfolg war vorprogrammiert, denn Zerstreuung vom grauen Alltag suchte man vorzugsweise noch im Kino, gehörte doch der eigene Fernsehapparat fast einer jeden Familie (noch) zu den unerfüllten Wünschen. Unverkennbar zeigen die am Seitenflügel begonnenen Instandsetzungsarbeiten die Bemühungen um den Erhalt des Empfangsgebäudes in seiner ursprünglichen Gesamtheit. Dennoch wurde schon bald die Abrissbirne geschwungen, um 1952/53 an dieser Stelle einen architektonisch anspruchslosen Kastenbau hochzuziehen.

Aufnahmen (4): Bildarchiv der Eisenbahnstiftung

Bild 63 – Kontrast zwischen Tradition und Moderne: Der neue Seitenflügel mit dem Bundesbahn-Hotel im Kontext mit der Eingangshalle lassen im Sommer 1953 für die historische Bausubstanz nichts Gutes erahnen. Nach den anfänglichen Bemühungen einer provisorischen Instandsetzung waren weiterreichende Baumaßnahmen zum Erhalt des alten Gemäuers ausgeblieben. Aufnahme: Dr. Walter Scheer, Slg. Hans-Peter Arenz

Bild 64 und 65 – Im Spätsommer 1952 versäumte es der Direktionsfotograf nicht, auf den Dom zu steigen, um aus luftiger Höhe seine Kamera auf den Hauptbahnhof zu richten und das sich verändernde Bahnhofsensemble mit dem neuen, fast fertiggestellten Seitenflügel auf Zelluloid zu bannen. Die gewaltige, aus dem Häusermeer aufragende Bahnsteighalle zeigte sich mit ihrem frisch eingedeckten Dach fast schon wieder im alten Glanz; sie hatte im Sinne ihrer historischen Bedeutung eine umsichtige Instandsetzung erfahren, eine Vorgehensweise, die dem Empfangsgebäude letztlich verwehrt bleiben sollte, dessen Abbruch auf Raten erfolgte.

Bild 66 bis 68 (rechte Seite) – Wiederum vom Dom aus, nur aus einem etwas anderen Blickwinkel wurden diese Ansichten des Hauptbahnhofs um 1955 angefertigt. Der Anlass des Direktionsfotografen für seinen neuerlichen Dienstgang auf den Dom dürfte nun der bevorstehende Abbruch der Empfangshalle nebst Uhrenturm gewesen sein.

Aufnahmen (5): Fischer, Bildarchiv der Eisenbahnstiftung

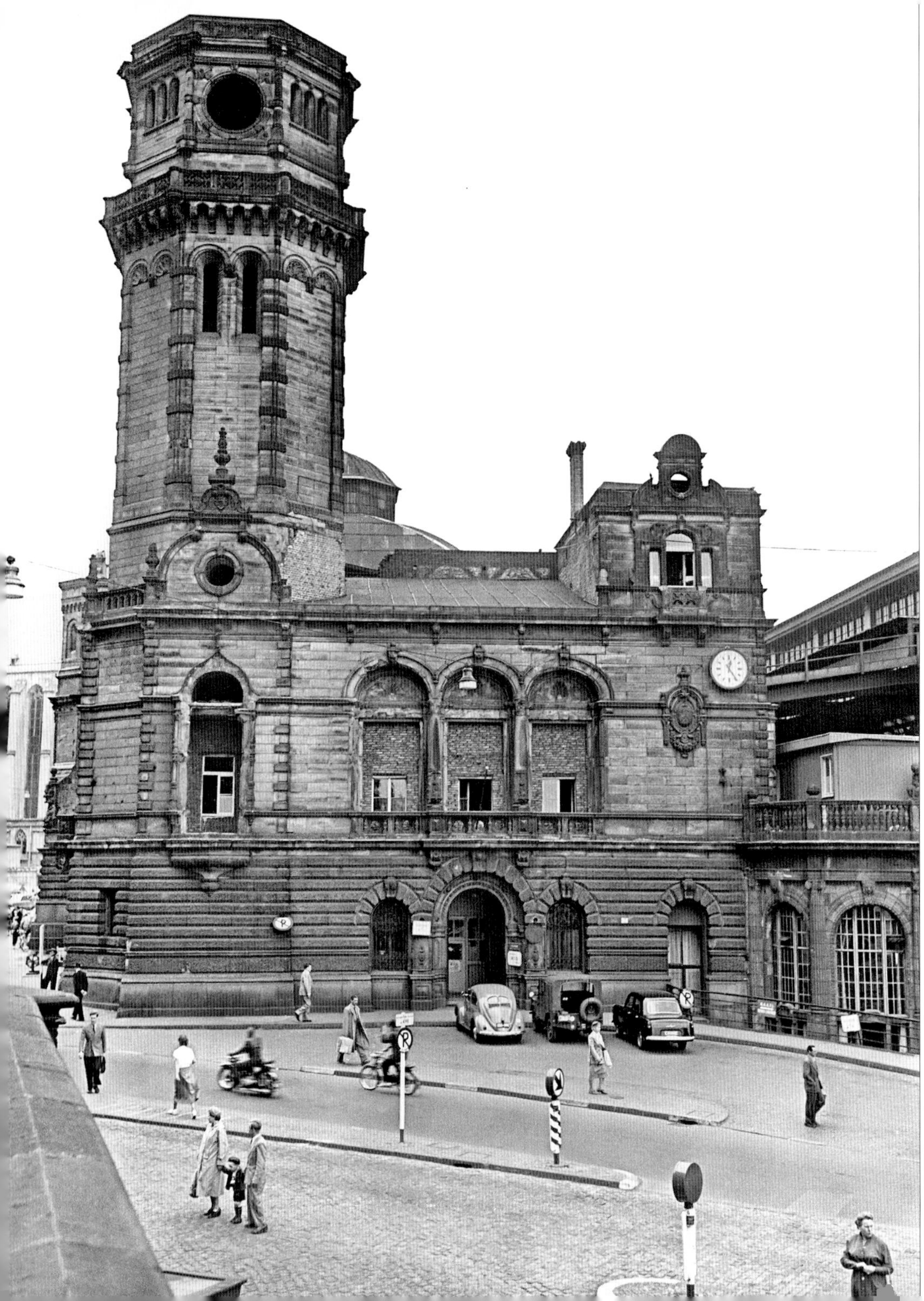

Bild 69 und 70 – Was die Bomben des Zweiten Weltkrieges nicht schafften: der Uhrenturm kurz vor und während der Abrissarbeiten im Jahr 1956. Ein Trauerspiel nimmt seinen Lauf …

Aufnahmen (2): Fischer, Bildarchiv der Eisenbahnstiftung

Bild 71 und 72 (folgende Seite) – Die DB sah die Dinge pragmatisch, die Stadtoberen waren am Ziel ihrer Pläne angelangt: Die Reste eines ehedem repräsentativen Empfangsgebäudes verschwinden aus dem Stadtbild. Unter laufendem Betrieb werden die Mauern der Eingangshalle behutsam abgetragen. Hätte man die Kosten für Abriss und Neubau in den Erhalt des Empfangsgebäudes gesteckt, wäre Köln heute um ein historisches Gebäude reicher, und das gleich neben der herausragenden Touristenattraktion von Weltgeltung. Nicht nur, dass hier ein historisch wertvolles Gebäude dem Nachkriegsabrisswahn geopfert wurde, zugleich lässt sich daran exemplarisch der „Kölsche Klüngel" festmachen, dem in Köln so manch ein erhaltenswertes Gemäuer zum Opfer fiel. Aufnahmen (2): Fischer, Bildarchiv der Eisenbahnstiftung

WILHELM FRINGS
Zum Bahnhof
Zu den Zügen
Schokolade
Zum Bahnhof

Bild 73 bis 75 – In der Rückschau betrachtet, hätte es Köln bei der Neuausrichtung der Eingangshalle durchaus ärger treffen können, hat doch der gläserne Zweckbau gerade wegen seiner minimalistischen Gestaltung sowohl in der Außen- wie auch Innenansicht als Baudenkmal der Architektur der 1950er Jahre mittlerweile einen festen Platz. Der Bahnhofsvorplatz ist noch für den allgemeinen Kraftverkehr freigegeben. Das sollte sich mit der Schaffung eines Betonkorsetts um das hochherrschaftliche Gotteshaus, der sogenannten „Domplatte", die bis 1968 vollendet wurde, ändern. Die in diesem Zusammenhang zwischen Bahnhofsvorplatz und Dom entstandenen Aufgänge und Rolltreppen sollten sich bald als Schandfleck erweisen. Gottlob hat Köln aus den Fehlern gelernt und bis 2005 diesen städtebaulichen Fauxpas entschärft und die heutige Situation mit der „Domtreppe" hergestellt. Festgehalten wurden die Aufnahmen am 23. Juni 1962 von dem ehemaligen Hamburger Direktionsfotografen Walter Hollnagel, dessen fotografisches Lebenswerk der EK-Verlag mittlerweile in vier Bänden gewürdigt hat.

Aufnahmen (3): Walter Hollnagel, Bildarchiv der Eisenbahnstiftung

Bild 76 (links) – Für viele ältere Leser dieser Lektüre sind als Teil ihrer Kindheit sicherlich noch die seit den 1950er Jahren wöchentlich in der seinerzeit ersten deutschen Programmzeitschrift HÖRZU erschienenen Mecki-Geschichten in guter Erinnerung. Die Popularität des Redaktionsigels machte sich die Deutsche Bundesbahn in einem groß angelegten Wettbewerb unter dem Motto „Gute Reise mit Mecki!" zunutze. Nicht nur wie hier im Jahr 1956 in Köln mit der einlaufenden 38 3486 trefflich dokumentiert, sondern in nahezu allen großen Bahnhöfen wurde mit derartigen Transparenten auf den Wettbewerb hingewiesen. Aufnahme: Fischer, Bildarchiv der Eisenbahnstiftung

Bild 77 (rechts) – Bahnsteigszene mit feschen Damen am 23. Juni 1962. Geradezu sehenswert ist das ganz im Trend der Zeit liegende toupierte Haar der Dame in der Mitte!

Aufnahme: Walter Hollnagel, Bildarchiv der Eisenbahnstiftung

Bild 78 bis 81 – Lokwechsel mit der auf Gleis 1 an den Zug setzenden V 200 072 des Bw Hamm P. Buntes Treiben an Gleis 3a beim Fernschnellzug „Sachsenroß“ nach Hannover. Ob mit Rucksack oder Koffer: Zum Reisen mit der Bahn gehört Gepäck einfach dazu. Die Schalterhalle mit dem Durchgang zur Gepäckhalle. Entstanden sind die Aufnahmen dieser Seite ebenfalls am 23. Juni 1962.

Aufnahmen (4): Walter Hollnagel, Bildarchiv der Eisenbahnstiftung

Bild 82 und 83 – Als nette Geste ließ 4711 an den Bahnsteigen gelegentlich Proben ihres „Echt Kölnisch Wasser" verteilen. Hier ist es der Zugführer des als TEE „Diamant" Antwerpen – Dortmund laufenden VT 08^5, der mit einem Fläschchen Duftwasser beglückt wird (1962). Ein andermal ist es der Lokführer einer E 10^{12}, dem werbewirksam sein Fläschchen überreicht wird (1966).

Bild 84 (rechte Seite) – Immer wieder beeindruckend ist der Blick in die weitläufige Bahnhofshalle, hier in den 1960er Jahren mit der Neubaudampflok 23 034 vor einem Personenzug und eine im TEE-Verkehr laufenden VT 11^5-Einheit. Die Werbung für das Duftwasser mit dem markanten Signet ist aus dem Bereich der Bahnsteighalle kaum mehr wegzudenken und nahezu zum unverrückbaren Identifikationsmerkmal der Stadt am Rhein geworden.

Aufnahmen (3): Fischer, Bildarchiv der Eisenbahnstiftung

4711
EAU DE COLOGNE
KOLN HBF
23 034
TEE
Nebenausgang

Bild 85 und 86 – Nachdem die Bahnsteighalle bis Juli 1987 einer grundlegenden Sanierung unterzogen worden war, erstrahlt das alterwürdige Bauwerk seither in neuem Glanz. Und das nicht nur zur Nachtstunde dank einer ausgeklügelten – die Dachkonstruktion betonenden – Beleuchtung. Tagsüber sind es nicht weniger als 2.600 70 x 160 cm große Polycarbonatscheiben, die viel Tageslicht in das Halleninnere lassen. So menschenleer wie hier in der Nacht vom 12. auf den 13. April 1994 mit der 103 131 vor einem in Köln endenden Intercity geht es in der ansonsten belebten Bahnsteighalle freilich nur zu vorgerückter Nachtstunde zu. Die alten südöstlichen Vorhallendächer mussten dagegen wegen ihres schlechten Allgemeinzustands erneuert werden, an deren Stelle eine unter denkmalschützerischen Gesichtspunkten sehenswerte, architektonisch aufwendige kreuzgewölbeartige Glas-Stahl-Konstruktion trat. Die Fertigstellung der neuen Vorhallendächer erfolgte im April 1991.

Aufnahmen (2): Udo Kandler

Bild 87 bis 89 (rechte Seite) – Von der Domplatte aus lässt sich in der Mittagssonne trefflich das Geschehen am Hauptbahnhof genießen. Unter den Gleisen, zu Füßen des Doms, befindet sich der erhalten geblieben Jugendstilsaal aus dem Jahr 1915. Der „Alte Wartesaal", wo sich unter anderem seine Majestät Kaiser Wilhelm II. mit Gemahlin Augusta Victoria einmal beim Kölnbesuch die Ehre gaben, ist heute eine beliebte Lokation für allerlei Veranstaltungen mit Gastronomiebetrieb. Er verkörpert den historischen Part des Hauptbahnhofs, dem die Abrissbirne ganz im Gegensatz zum ehedem angrenzenden alten Empfangsgebäude erspart blieb. Blick vom Dom auf die östliche Bahnhofsausfahrt mit der Hohenzollerbrücke und den rechtsrheinisch gelegenen Rheinhallen. Den Fernverkehr bestimmen unverkennbar die Triebwagen der „Weißen Flotte". Festgehalten wurden die Szenen dieser Seite am 1. April 2009.

Aufnahmen (3): Udo Kandler

ALTER WARTESAAL

Bild 90 und 91 – Die Kölner Innenstadt aus der Vogelperspektive: Aus einem über Köln kreisenden Heißluft-Luftschiff entstanden die Ansichten dieser Doppelseite. Die im Dezember 1999 vom Luftfahrt-Bundesamt zugelassenen viersitzigen Heißluft-Luftschiffe vom Typ AS 105 GD werden unter anderem für Rundflüge eingesetzt. Start- und Landeplatz für Köln-Rundflüge ist das Gelände des ehemaligen Flughafens Butzweilerhof im Stadtteil Ossendorf. Eine solche Luftschifffahrt, die die Firma „Cologne Airship Company & Bogaard Ballooning" anbietet, ist im wahrsten Sinne des Wortes ein erhabenes Erlebnis. Dabei düfte die Fahrt vorbei am Kölner Dom für jeden Passagier das eigentliche Highlight sein. Zuweilen werden dabei auch städtebauliche Diskrepanzen deutlich: Zumindest den kritischen Betrachter dürfte die Frage beschäftigen, ob Kölns Stadtväter gut beraten waren, den Dom durch den Bau des Römisch-Germanischen Museums, des Wallraff-Richartz-Museums/Museums Ludwig und der Kölner Philharmonie zum Rhein hin derart einzuengen. Und ob sich innerhalb Kölns für diese zweifellos bedeutenden Einrichtungen nicht auch andere geeignete Standorte hätten finden lassen? Das sich wenig vorteilhaft in das Stadtbild integrierende blaue Gebilde des Musical-Dome am Breslauer Platz wird im Volksmund nicht umsonst abwertend „blauer Müllsack" genannt. Der 1996 als Provisorium für eine befristete Zeit bis zur endgültigen Neugestaltung des Breslauer Platzes (die bis heute auf sich warten lässt) errichtete Zeltbau hangelt sich seitdem von Vertragsverlängerung zu Vertragsverlängerung, mit vielen angekündigten letzten Vorstellungen. Doch damit soll nach jüngsten Verlautbarungen im Jahr 2013 endgültig Schluss sein – man darf gespannt sein!

Bild 92 und 93 – Dem Hauptbahnhof aufs Dach (oder doch besser auf die Dächer) geschaut. Das Ensemble gibt selbst aus der Luft betrachtet eine überaus gute Figur ab. Die modernen Vorhallendächer harmonieren schon ihrer extravaganten Architektur wegen mit der alten Bahnsteighalle. Der Mittelbahnsteig an der Rückfront der Halle am Breslauer Platz mit seiner profanen Überdachung stammt von 1975, als es lediglich darum ging, den Bahnhof ohne Rücksicht auf das historische Umfeld um zwei überdachte Gleise zu erweitern. Das rückwärtige Entrée auf der Nordseite des Hauptbahnhofs wurde in den letzten Jahren vom schmuddeligen Hintertürdasein befreit und zu einer attraktiven zweiten Hauptfront des Bahnhofskomplexes aufgewertet. Mittlerweile ist nun auch der hier noch im Bau befindliche U-Bahnhof Breslauer Platz/Hauptbahnhof der Kölner Stadtbahn zum Fahrplanwechsel im Dezember 2011 in Betrieb gegangen. Die rechts hinten ersichtliche westliche Zufahrt des Hauptbahnhofs (siehe Bild unten) mit den um das Gelände des Betriebsbahnhofs führenden Fernbahngleisen erfährt aus dieser Perspektive hinsichtlich seiner zentralen Lage eine klare Aussage. Das erhabene Luftbild veranschaulicht überdies eindrucksvoll die Bedeutung von Dom und Hauptbahnhof als die dominierenden Bezugspunkte im Herzen der Rheinmetropole. Aufnahmen (4): Volker Rentsch

HKX
Hamburg – Köln ab 5 ct. pro km!
Tickets auf hkx.de
Nord-Ostsee-Bahn

Bild 96 (unten) – Innenansicht der Empfangshalle mit direktem Blick auf die sich am Vorplatz abzeichnenden Konturen einer der bedeutendsten Kathedralen überhaupt mit „unmittelbarem Gleisanschluss“. Ein attraktiveres Entrée kann sich eine Großstadt wie Köln kaum wünschen. Aufnahmen (3): Udo Kandler

Bild 94 (linke Seite) und 95 (oben) – Mit dem am 23. Juli 2012 an den Start gegangenen „Hamburg-Köln-Express“ (HKE) wagte jüngst wieder einmal ein privater Anbieter das Fast-Monopol der Deutschen Bahn im Fernverkehr zu brechen. Kurz vor dem Ziel liefert sich der erst seit wenigen Tagen verkehrende HKX 1800 Hamburg-Altona – Köln Hbf, angeführt von der Siemens-Dispolok ES 64 U2-030, am 1. August im rechtsrheinischen Deutz ein Kopf-an-Kopf-Rennen mit einem TALENT-Triebwagen der Baureihe 644. Unterstützt wird der aus lediglich vier Reisezugwagen der Nord-Ostsee-Bahn gebildete Schnellzug am Zugschluss planmäßig durch eine weitere mitlaufende Siemens-Dispolok, hier der ES 64 U2-036. Ob sich das Konkurrenzangebot in dieser Konstellation unter wirtschaftlichen Gesichtspunkten tatsächlich dauerhaft wird etablieren können, bleibt schlicht abzuwarten. Die Sandwichbespannung eines solchen Zuges bei gleichzeitig offerierten Kampfpreisen, die günstigsten Tickets soll es für den einfachen Laufweg zwischen Elbe und Rhein je nach Verkehrstag schon ab 20 Euro geben, erscheint dann doch eher fraglich. Ansonsten preist offenkundig die Werbeaussage der HKM-Loks den gefahrenen Kilometer ab 5 Cent an! Das Kopfsteinpflaster mit den eingelassenen, mit Kaltasphalt verfüllten Straßenbahnschienen ist ein Überbleibsel aus lange zurückliegenden Zeiten, als man über die Hohenzollernbrücke tatsächlich noch die Rheinseite mit der Tram wechseln konnte.

Bild 100 (rechte Seite) – Zwischen den Ufern: die Hohenzollernbrücke von Deutz aus auf Höhe des ehemaligen Lufthansa-Hochhauses gesehen. Nur bei genauem Hinsehen wird die nicht ganz alltägliche Betriebssituation deutlich: sind es am frühen Nachmittag des 12. Mai 2012 doch zwei ICE-Abschlepploks der Baureihe 218, die mit einer ICE-3-Garnitur sogleich den am linksrheinischen Ufer gelegenen Hauptbahnhof erreicht haben werden. Die mit Scharfenberg-kupplungen versehenen Maschinen springen immer dann ein, wenn es entlang der Neubaustrecke Köln – Rhein/Main einen liegen gebliebenen ICE 3 zu bergen gilt. Gegenläufig wechselt eine Doppeleinheit der Baureihe 628[4] die Seiten, deren Laufweg im rechtsrheinischen Bahnhof Köln Messe/Deutz enden wird. Aufnahmen (4): Udo Kandler

Bild 97 bis 99 – Seit der 2008/09 vorgenommenen Sanierung erstrahlt die denkmalgeschützte Empfangshalle mit der markanten, an der Glasfront befestigten Uhr heute weitgehend in dem Zustand, wie sie im Jahr 1957 in Betrieb genommen wurde. Nur der unmittelbare Vergleich mit Bild 73 auf Seite 47 lässt erkennen, dass mit der kompletten Erneuerung der Fassade mit dicken Glasscheiben diese in stärkere Halteprofile gefasst werden mussten. Zu einem echten Publikumsmagnet haben sich mittlerweile die am Gitterzaun der Hohenzollernbrücke zwischen Fußweg und Bahngleisen hängenden Liebesschlösser entwickelt. Was 2008 einen bescheidenen Anfang nahm, gehört inzwischen fast schon zum festen Brauch (deren Ursprung übrigens in Italien liegen soll), zumindest für Liebespaare, die sich mit dieser Geste ewige Liebe schwören und dabei gleich auch noch den Schlüssel im Rhein versenken. Wurde das Treiben von der Deutschen Bahn anfangs kritisch beäugt und mit dem Entfernen der Schlösser gedroht, sieht man dies mittlerweile doch recht gelassen, natürlich immer vorausgesetzt, dass dadurch der Bahnbetrieb nicht beeinträchtigt wird. Inzwischen sollen an der Hohenzollernbrücke weit über 40.000 Schlösser mit einem Gewicht von mehreren Tonnen hängen – längst weiß Köln diesen Brauch als zusätzliche Einnahmequelle touristisch zu nutzen und bietet sogar schon darauf abgestimmt Arrangements an.

Verkehrsweg zwischen den Ufern

Bild 101 und 102 – Blick aus dem nördlichen Brückenturm der Hohenzollernbrücke im Juli 1957 auf den Ausfahrbereich mit dem hoch aufragenden Dom. Die Markierungen im Gleisbett kennzeichnen die neue Gleisführung, womit unverkennbar umfangreiche Gleisbauarbeiten unmittelbar bevorstanden. Im Jahr 1955 auf Gleisniveau aus der klassischen Perspektive gesehen mit einem VT 08^5. Nur in den Anfangsjahren trugen die Triebwagen stirnseitig das markante Flügelrad, das bald schon zugunsten einer veränderten, V-förmigen Lackierungsvariante weichen musste.

Aufnahmen (2): Fischer, Bildarchiv der Eisenbahnstiftung

Bild 103 und 104 – VT 10 551 im Jahr 1954 anlässlich einer Präsentationsfahrt beim Zwischenhalt in Köln. Den auf Jakobs-Drehgestellen laufenden Leichtmetall-Schlafwagen-Gliederzug hatte die DSG eigens für den Nachtverkehr beschafft; er verkehrte als Ft 49/50 „Komet" dreimal wöchentlich zwischen Hamburg-Altona und Zürich. Am 21. Mai 1956 stellte sich genauso die V 80 008 in bewährter Positur vor dem Dom dem Fotografen.

Aufnahmen (2): Fischer, Bildarchiv der Eisenbahnstiftung

Bild 105 bis 108 – „Hochachtung vor der Deutschen Bundesbahn!" bekundete Bundeskanzler Adenauer aus Anlass des Zusammenschlusses (Strecke Düsseldorf – Köln – Remagen) der elektrifizierten Bundesbahnnetze von Nord- und Süddeutschland und der Vollendung des viergleisigen Wiederaufbaus der Hohenzollernbrücke bei einer Feierstunde am 5. Mai 1959 in Köln. Angereist war der „Alte" selbstverständlich standesgemäß aus Bonn mit dem Sonderzug hinter der E 10 150, die hier im Schatten des Doms auf die 01 068 des Bw Köln Bbf trifft. Noch sind die Arbeiten an der Fahrleitung nicht abgeschlossen, wird der reguläre elektrische Zugbetrieb doch erst mit dem anstehenden Planwechsel am 26. Mai aufgenommen werden. Natürlich darf genauso wenig ein belgischer „Kartoffelkäfer" fehlen. Hier mit Lok 20.1003, die

im Jahr 1959 von Brüssel aus vor einem Schnellzug in die Domstadt gelangte. Die Abbildung der vor dem Dom formatfüllend in Szene gesetzten E 10 150 diente übrigens als Titelbildvorlage für die Mai-Ausgabe der DB-Kundenzeitschrift „Rad und Schiene". Mit dem im Mai 1966 zwischen Köln und Aachen aufgenommenen elektrischen Zugbetrieb kamen vor den grenzüberschreitenden Schnellzügen die belgischen Mehrsystem-Elloks der Reihe 160 (Lok 160.023, später 1607) bis nach Köln. Gehörten Triebfahrzeuge der SNCB im Schatten des Doms einmal zum gewohnten Anblick, ist es derzeit vor allem der von der SNCF, SNCB, NS und der DB gemeinsam betriebene Hochgeschwindigkeitszug Thalys, der den grenzüberschreitenden Eisenbahnverkehr in Köln repräsentiert. Aufnahmen (4): Fischer, Bildarchiv der Eisenbahnstiftung

Bild 109 bis 111 – Bei den Elektrifizierungsarbeiten boten die „Strippenzieher" der Fahrleitungsmeisterei akrobatische Einlagen, die vor den hoch aufragenden Spitzen der Domtürme vom Fotografen besonders eindrucksvoll eingefangen werden konnten. Der Zugbetrieb geht derweil seinen gewohnten Gang: 23 040 beschleunigt kraftvoll, während 01 092 noch auf den Abfahrauftrag wartet. Einmal mehr bewiesen die Männer bei den Elektrifizierungsarbeiten auf Deutzer Seite ihr Geschick, wenngleich dabei die Unfallverhütungsvorschriften bisweilen vernachlässigt wurden (6. Februar 1959).

Aufnahmen (3): Fischer, Bildarchiv der Eisenbahnstiftung

Bild 112 und 113 (links) – Im Zuge der viergleisigen Wiederherstellung der Hohenzollernbrücke fanden unter den neugierigen Blicken der Passanten zugleich umfangreiche Oberbauarbeiten an dem älteren, bereits 1948/52 aufgebauten Brückenzug statt. Dabei kam unter anderem der auf den Namen „Struppi" getaufte gleisfahrbare Krupp-Ardelt-Kran mit einer Tragfähigkeit von 10 t zum Einsatz. Entstanden sind die Szenen am 17. April 1959. Aufnahmen (2): Fischer, Bildarchiv der Eisenbahnstiftung

Bild 114 (oben rechts) – Beim Setzen der Oberleitungsmasten beim Bahnhof Köln-Eifeltor bediente man sich im August 1958 des Kranwagens „Hannover 6675", dessen heimatliche Zugehörigkeit durch das Wappen des Sachsenrosses unverkennbar hervorgehoben wird.

Aufnahme: Dr. Walter Scheer, Sammlung Hans-Peter Arenz

Bild 115 bis 118 – Wie auch sonst, wenn nicht aus der Luft, lässt sich der Dom in seiner beeindruckenden Pracht darstellen? Eine Fliegeraufnahme aus den 1930er Jahren dokumentiert dessen Lage im Umfeld einer luftigen Bebauung, die dem Bauwerk gebührenden Platz einräumt. Unmittelbar dahinter befinden sich der Rheinübertritt und der sich sogleich rechtsrheinischen anschließende Bahnhof im Stadtteil Deutz. Die Hohenzollernbrücke aus der Totalen vom südlichen Domturm aus betrachtet, vermittelt besonders eindrucksvoll die Dimensionen dieser die Flussufer verbindenden Verkehrsschlagader. Der Brückenzug mit gemeinsamer Fahrspur für den Straßenbahn und Individualverkehr ist hier in der Gegenüberstellung mit dem ausschließlich dem Eisenbahnbetrieb dienenden mittleren Stromüberbau zu sehen. Aufnahmen (4): Bildarchiv der Eisenbahnstiftung

Bild 119 und 120 – Der Ostkopf des Hauptbahnhofs in den 1930er Jahren mit ausfahrendem Personenzug. Die großzügig angelegte Rampe hinauf zur Hohenzollernbrücke bietet Platz sowohl für die Gleise der Straßen- und Vorortbahnen als auch für den Straßenverkehr. Der Blick vom Südturm des Doms nach dem Zweiten Weltkrieg auf den wiederhergestellten südlichen Brückenzug der Hohenzollernbrücke um 1955. In vielerlei Hinsicht hatte sich das Bild gewandelt. Die zwischen dem Brückenzug und den nach Süden gewandten Brückentürmen klaffende Lücke wurde nicht wieder durch einen dem Straßenverkehr dienenden Brückenzug geschlossen. Dem Fußgängerverkehr blieb lediglich ein schmaler Steg. Als nächster Schritt wird die Herstellung des linken Brückenzuges bei gleichzeitigem Rückbau bzw. Abriss der Brückentürme folgen. Die am rechten Rheinufer beiderseits der Hohenzollernbrücke parkenden Kraftwagen lassen auf eine gut besuchte Messe schließen. Aufnahmen (2): Bildarchiv der Eisenbahnstiftung

Bild 121 – Vom rechten Rheinufer aus gesehen, war bei Kriegsende von der Innenstadt der ehedem stolzen Rheinmetropole kaum mehr als eine gespenstische Ruinenlandschaft geblieben. Lediglich der Dom widersetzt sich mit seinen überschaubaren Schäden dem allgemeinen Bild. Alle Kölner Rheinbrücken waren zerstört, so auch die Hohenzollernbrücke als die alles entscheidende Verkehrsschlagader der Stadt. Trotz der immensen Zerstörungen und der schier ausweglos erscheinenden Umstände hatte der Wiederaufbau längst begonnen. Um den Weg für die Schifffahrt frei zu machen, galt es zunächst, die zerstörten mittleren Brückenelemente aus dem Rhein zu bergen, die auf dieser im März 1946 entstandenen Übersichtsaufnahme bereits entfernt worden waren. Aufnahme: Unternehmensarchiv der Bilfinger Berger AG

Bild 122 bis 124 – Auch vor dem Hintergrund der Diskussion über eine mögliche Verlagerung des Hauptbahnhofs nebst neuer Rheinbrücke an einer anderen Stelle, wurde die Hohenzollernbrücke relativ spät, und zunächst nur mit einem SKR-(Scharper-Krupp-Reichsbahn-)Überbau behelfsmäßig instand gesetzt. Ganz den vorherrschenden Zeitumständen entsprechend in gebotener Bescheidenheit, aber dennoch medienwirksam, konnte drei Jahre nach Kriegsende am 9. Mai 1948 die provisorisch, zweigleisig instand gesetzte Hohenzollernbrücke offiziell ihrer Bestimmung übergeben werden. Unter Beteiligung geistlicher wie auch weltlicher Prominenz (rechts oben im Bild links der Kölner Kardinal Frings) mit der Überfahrt des von 38 3002 (Bw Deutzerfeld) bespannten Eröffnungszuges.

Bild 125 (rechte Seite) – Als klar war, dass die Pläne zur Verlagerung des Hauptbahnhofs schon aus Kostengründen unrealistisch erschienen, begann man 1951 mit der Wiederherstellung des zweigleisigen Mittelbogens in seiner ursprünglichen Bauform. Die Montage erfolgte unmittelbar daneben in der Achse des zweiten Brückenzuges im freien Vorbau. Ende November 1952 wurde dann der neue Mittelbogen, bei gleichzeitigem Ausschieben des SKR-Stahlüberbaus, eingefügt.

Aufnahmen (4): Fischer, Bildarchiv der Eisenbahnstiftung

STAHLBAU
RHEINHAUSEN
III

Bild 126 und 127 – Winterliche Impressionen von der Hohenzollernbrücke mit überfahrenden Preußen-Loks. Eine Maschine der Baureihe 78 wechselt mit ihrem Personenzug vom Hauptbahnhof kommend die Rheinseite und eine Zugbegegnung mit jeweils Loks der Baureihe 38^{10}. Gesehen und festgehalten vom Fotografen der Bundesbahndirektion Köln im Februar 1953.

Bild 128 (rechte Seite) – Perspektive vom südlichen Brückenturm am Deutzer Ufer mit der behelfsmäßig errichteten Hohenzollernbrücke, die gerade eine preußische P8 vor einem Personenzug passiert. Am jenseitigen Ufer links die große Freifläche mit dem im Sommer 1950 eingerichteten Omnibusbahnhof.

Aufnahmen (3): Fischer, Bildarchiv der Eisenbahnstiftung

Bild 129 und 130 – Blick von der rechtsrheinischen Uferpromenade in Deutz auf die im Aufbau begriffene (aber weiterhin sichtlich vom Krieg gezeichnete) Skyline der Kölner Altstadt um 1950. Man stelle sich nur vor, eine derart unverbaute Perspektive mit freistehendem Dom, dem sich rechts anschließenden alten Empfanggebäude des Hauptbahnhofs sowie der Hohenzollernbrücke mit ihren Brückentürmen hätten die Zeiten in einem städtebaulich großzügig gestalteten Umfeld überdauert …
Die Baulücken schließen sich, die Gaststätte „En d'r Kröck" vor der Hohenzollernbrücke (rechts im Bild) noch mit den trotz der Kriegsschäden respektablen Brückenköpfen im Zustand von 1955.

Bild 131 bis 134 (rechte Seite) – Dort, wo heute das Museum Ludwig den freien Blick auf die Hohenzollernbrücke unmöglich macht, parken im August 1958 noch reichlich Personenwagen und Omnibusse. Die eingerüsteten Brückentürme mit den Baukränen zeugen nicht etwa von deren Instandsetzung, sondern dienten zunächst dem Kürzen und schließlich dem kompletten Abriss derselben. Überaus sehenswert ist auch der durch das Bild fahrende Kleinlaster der Deutschen Bundespost (Bild links oben). Im Winter 1950/51 aus ähnlicher Perspektive gesehen, wird im Streiflicht mit den in die Bildgestaltung einbezogenen kopfsteingepflasterten Zufahrtsstraßen die Weitläufigkeit des unverbauten Areals betont. Der Omnibusbahnhof im Oktober 1952 bei hohem Verkehrsaufkommen in Blickrichtung Hauptbahnhof und vom Dom aus gesehen. Aufnahmen (6): Fischer, Bildarchiv der Eisenbahnstiftung

Bild 135 bis 138 (Seite 76 bis 78) – Das vom Bauschutt freigeräumte Gelände zwischen Dom und Rhein bot in den Nachkriegsjahren reichlich Platz für einen großzügigen Omnibusbahnhof in zentraler Lage unweit des Hauptbahnhofs. Über den Omnibusbahnhof liefen zahlreiche Buslinien aus dem nahen und fernen Umland zusammen, zugleich war er Anlaufpunkt für Fernreisebusse, die die Touristen, zunehmend auch in Konkurrenz zur Bahn, in die Domstadt brachten. Obendrein boten sich für den stetig zunehmenden Pkw-Verkehr ausreichend Parkmöglichkeiten. Der Omnibusbetrieb mit Anhänger gehörte noch zum gewohnten Erscheinungsbild, eine Betriebsform, die wahrlich einer anderen Epoche entstammt, wurde sie doch aus dem westdeutschen Straßenbild vor bereits nunmehr über einem halben Jahrhundert verbannt. Seit dem 1. Juli 1960 untersagt die Straßenverkehrsordnung die Beförderung von Personen in Anhängern.

Aufnahmen (4): Fischer, Bildarchiv der Eisenbahnstiftung

Touring

Bild 139 bis 142 – Im Sommer 1957 hatte man auf Deutzer Seite im Zuge der anstehenden Arbeiten für den viergleisigen Wiederaufbau der Hohenzollernbrücke und der zugleich stattfindenden Elektrifizierung unter laufendem Zugbetrieb damit begonnen, das Brückenportal abzutragen. Im Frühjahr 1958 ist dann vom die Türme verbindenden Brückenportal nichts mehr zu sehen, stattdessen sind die Brückentürme eingerüstet, die zunächst nur gekürzt werden sollten. Da man sich im Vorhinein über das mögliche Erscheinungsbild der gestutzten Türme offensichtlich keine rechte Vorstellung machen konnte (oder wollte), entschlossen sich Bahn und Stadt schließlich für deren Komplettabriss. Bevor eine weitere städtebauliche Peinlichkeit ihren Lauf nahm, erreichte unter anderem noch die 38 3467 des Bw Dortmund Bbf vor einem Personenzug das rechtsrheinische Deutz (Bild links unten). Der eingerüstete südliche Brückenturm beim Hauptbahnhof vom Fußweg der Hohenzollernbrücke aus gesehen (Bild rechts unten).
Aufnahmen (4): Fischer, Bildarchiv der Eisenbahnstiftung

Bild 143 – Eine prächtige Perspektive bot sich dem Betrachter beim Blick aus dem Brückenturm der Hohenzollernbrücke auf den Turmbahnhof Köln-Deutz. 39 039 verlässt mit einem Personenzug den Bahnhof und wird schon wenig später nach dem Rheinübertritt den Hauptbahnhof erreicht haben, während der gegenläufig mit einer Schnellzugmaschine der Baureihe 03 bespannte D-Zug sogleich in der stattlichen Bahnhofshalle von Köln-Deutz zum Stehen kommen wird. Links ist ansatzweise die markante Ziegelsteinfassade der Messehallen zu sehen. Aufnahme: RBD Köln (Felten), Bildarchiv der Eisenbahnstiftung

Bild 144 und 145 – Der aufschlussreiche Vorher-Nachher-Vergleich veranschaulicht eine um 1930 beim Bahnhof Köln-Deutz vorgenommene Gleisbegradigung. Aufnahme: Sammlung Gerhard

Bild 146 (oben links) – Der Blick in den frühen 1930er Jahren über den Deutzer Bahnhofsvorplatz zeigt die enge räumliche Verzahnung der beiderseits des Rheins befindlichen Bahnhöfe. Zwischen dem im Schatten des Doms gelegenen Hauptbahnhof und dem Bahnhof Deutz veranschaulicht die Hohenzollernbrücke eindrucksvoll ihre Funktion als herausragendes Bindeglied. Beim zwischen den Brückentürmen und dem Deutzer Empfangsgebäude im Hintergrund auszumachenden Gebäudekomplex hatte die Verwaltung der Reichsbahndirektion Köln ihren Sitz. Aufnahme: Sammlung Gerhard

Bild 147 (oben rechts) und 148 (unten links) – Der kriegszerstörte Bahnhof Köln-Deutz im Zustand von 1946. Im Jahr darauf hatte man bereits die Dacheindeckung sowohl von der Bahnsteighalle als auch vom Empfangsgebäude entfernt. Auffallend ist, dass die Dachkuppel, die den Krieg an sich gut überstanden hatte (Bild unten links), dennoch beizeiten eine gänzlich neue Dacheindeckung erhielt. Die Instandsetzung rührte vermutlich auch daher, dass Köln als Messestandort konsequent an alte Traditionen anzuknüpfen bemüht war und mit einem halbwegs intakten Erscheinungsbild des Empfangsgebäudes bei den mit der Bahn eintreffenden Messebesuchern punkten wollte.

Aufnahmen (2): Bildarchiv der Eisenbahnstiftung

Bild 149 bis 151 – Die dreischiffige Bahnhofshalle zeigte sich bei Kriegsende in einem erbärmlichen Zustand. Eine Instandsetzung war zu keiner Zeit vorgesehen, vielmehr begab man sich beizeiten daran, sie abzureißen und in transportgerechte Stücke zu zerlegen.
Aufnahmen (3): Bildarchiv der Eisenbahnstiftung

Bild 152 und 153 (oben) – Der Blick vom Bahnsteig auf den Kuppelbau des Deutzer Empfangsgebäudes offenbart dann aber doch die in jeder Hinsicht zunächst nur provisorisch erfolgte Instandsetzung der angegriffenen Bausubstanz. Vom Mittelbahnsteig mussten sich die Reisenden bis zum Abriss des Hallengerippes mit einem derart tristen Erscheinungsbild arrangieren. Aufnahmen (2): Bildarchiv der Eisenbahnstiftung

Bild 154 (unten links) – Im Jahr 1953 verlässt die Eifeltorer 41 018 vor einem Personenzug Köln-Deutz und wird in langsamer Fahrt über den Rhein hinweg die Seite wechseln.
Aufnahme: Dr. Walter Scheer, Sammlung Hans-Peter Arenz

Bild 155 (unten rechts) – Anstelle der Bahnhofshalle erhielten die Bahnsteige in Deutz einfache Überdachungen. Die Gestaltung der in Spannbetonbauweise ausgeführten Dächer repräsentieren bis heute ein prägendes Designmerkmal der 1950er Jahre, und zwar die seinerzeit in vielen Bereichen zum Ausdruck gebrachte Nierenform. Als am 30. April 1994 die Regionalbahn mit 110 374 am Bahnsteig zum Stehen kommt, ist das Ambiente des Bahnhofs unverkennbar einmal mehr in die Jahre gekommen und harrt der Dinge, die da kommen mögen. Aufnahme: Udo Kandler

Bild 156 (rechts) – Köln im steten Wandel – neue Gebäude verändern nicht nur das Stadtbild, sondern sorgen mitunter auch für neue Sichtweisen. Vom oberen Parkdeck eröffnet sich seit Fertigstellung des Kölnarena-Parkhauses ein prächtiger Blick auf den Bahnhof Köln Messe/Deutz. Zugleich wurde damit erstmals auch deren perfekte fotografische Umsetzung möglich, die das Prinzip eines Turmbahnhofs unter laufendem Zugbetrieb mit den sich auf zwei Ebenen kreuzenden Zügen veranschaulicht. Ein ausgesprochen reger ICE-Verkehr, unten wie oben durch den ICE 2 repräsentiert, sowie ein lebhafter S-Bahn- und Regionalverkehr belegen die Bedeutung des rechtsrheinisch gelegenen Turmbahnhofs.

Aufnahme: Udo Kandler

Folgende Doppelseite:

Bild 157 (Seite 86) – Die Panorama-Plattform des Kölntriangels eröffnet aus rund 100 Meter Höhe einmalige Ausblicke auf die Rheinmetropole und das Umland und natürlich auf den zu Füßen liegenden Bahnhof Köln Messe/Deutz mit dem angebundenen Betriebsbahnhof Köln-Deutzerfeld. Er ist zentraler Anlaufpunkt der im Regionalverkehr eingesetzten Triebfahrzeuge, hat der Bahnhof Köln Messe/Deutz doch nicht nur die Funktion einer Durchgangsstation, sondern ist zugleich auch End- und Ausgangspunkt zahlreicher Regionalverkehrslinien. Die durchfahrende ICE 3-Doppeleinheit nimmt Kurs auf die Schnellfahrstrecke Köln – Rhein/Main, die im Jahr 2002 „ans Netz" ging und die Bedeutung Kölns als herausragenden Verkehrsknoten belegt. Ganz nebenbei veranschaulicht die Aufnahme die perfekte Anbindung der Koelnmesse an das Verkehrssystem Schiene, gilt Köln doch auch als international renommierter Messeplatz. Bis zum links der Gleise befindlichen Südeingang bedarf es für die Messebesucher tatsächlich nur weniger Gehminuten. Aufnahme: Udo Kandler

Bild 158 (Seite 87) – Während der Deutzerfelder Abstellbahnhof unter fotografischen Gesichtspunkten aus der ebenerdigen Perspektive eher belanglos daherkommt, hat dieser in der Draufsicht fotografiert gleich eine ganz andere Aussage. Bestimmt wird das Bild vom farblichen Einerlei der Regionalbahn-Fahrzeuge, zum einen von den dieselelektrischen TALENT-Triebwagen der Baureihe 644 für den Einsatz überwiegend im Raum Köln auf der Aggertalbahn nach Dieringhausen, der Eifelbahn nach Gerolstein, aber auch der Voreifelbahn zwischen Bonn und Euskirchen. Die im Bereich der Drehscheibe abgestellten Elloks der Baureihe 111 kommen vornehmlich mit Doppelstockzügen der Regional-Express-Linie (Rhein-Sieg-Express) in der Relation Aachen Hbf – Siegen zum Einsatz.

Aufnahme: Volker Rentsch

Eisenbahnbrennpunkt Köln

Bild 159 bis 162 – Besuch beim Bahnbetriebswerk Deutzerfeld am 7. Mai 1964. Bestimmt wird das Bild von den Maschinen auswärtiger Dienststellen, die hier wenden. 23 036 des Bw Mönchengladbach rückt aus zum nächsten Einsatz, der sie vor einem Reisezug an den Niederrhein in heimatliche Gefilde führen wird. Vor dem Rechteckschuppen stehen unter anderem zwei Lokomotiven der Baureihe 39 des Bw Jünkerath. Sie werden nach einer Ruhezeit ihren Dienst über die Eifelstrecke antreten. Neben Dampflokomotiven beheimatete Deutzerfeld bereits auch Elloks. Aufgrund der unzureichenden Infrastruktur mussten sie innerhalb des Bahnbetriebswerkes zunächst noch mit einer Köf verschoben werden. Die von Krauss-Maffei gelieferte E 40 301 war erst wenige Wochen vor dieser Aufnahme als fabrikneues Exponat an das Bw Deutzerfeld geliefert worden. Nachdem beim Bw Jünkerath die letzten P 10 abgestellt worden waren, waren es übergangsweise noch Trierer 01er, die vor Eintreffen der ersten Dieselloks im Reisezugdienst über die Eifelstrecke nach Köln gelangten. So am 4. Juni 1966 die hier verweilende Trierer 01 108, wo am selben Tag auch eine V 100 anzutreffen war, die allerdings lediglich vom benachbarten Bw Köln-Nippes über den Rhein hierher gelangte.

Aufnahmen (4): Otto Straznicky, Slg. Hans-Peter Arenz

Bild 163 bis 165 – Kaum, dass auf der Strecke zwischen Remagen und Köln-Gereon am 17. November 1958 für den Güterverkehr der elektrische Zugbetrieb möglich war, machte das Bw Köln-Eifeltor als erste Dienststelle der Domstadt mit der neuen Traktion Bekanntschaft. Seit diesem Zeitpunkt waren von Süddeutschland durchgängig elektrische Zugfahrten bis Gereon und damit bis in Sichtweite des Doms möglich. Wenige Tage nach der Aufnahme des elektrischen Zugbetriebs gastiert Ende November 1958 die E 10 208 des Bw Koblenz-Mosel in Köln. Am 24. Januar 1959 ist es E 10 152 mit einer Schwestermaschine (Bild unten rechts), die es hierher verschlagen hat. Der Triebfahrzeugbestand des Bw Köln-Eifeltor wird dagegen noch ganz von der Dampftraktion repräsentiert. Der Turmtriebwagen TVT 6204 Köl, mit dem sich im August 1958 zwei stolze Bundesbahner ablichten ließen, dürfte zum Zeitpunkt der Aufnahme ganz im Dienste der in Köln noch laufenden Elektrifizierungsarbeiten gestanden haben. Mit dem großen Lückenschluss, der offiziellen Aufnahme des umfänglichen elektrischen Zugbetriebs zum Sommerfahrplan im Mai 1959, waren dann unter anderem auch der Hauptbahnhof und der rechtsrheinische Bahnhof Köln-Deutz elektrisch erreichbar.

Aufnahmen (3): Dr. Walter Scheer, Sammlung Hans-Peter Arenz

Rauchen offenes Licht und Feuer verboten
Abspritzanlage
38 1889

Rauchen offenes Licht und Feuer verboten

Bild 166 bis 169 – Noch bevor hierzulande überhaupt die erste automatische Autowaschanlage ihren Betrieb aufnahm, experimentierte die Deutsche Bundesbahn bereits seit Mitte der 1950er Jahre mit diversen Dampflok-Waschanlagen, wie sie bei großen Bahnbetriebswerken zur Ausführung kamen. Das Bw Deutzerfeld verfügte seinerzeit über die modernste Dampflok-Waschanlage, deren Funktionsweise hier mit der den Sprühständer durchlaufenden 38 1889 demonstriert wird (Aufnahmen von 1961). Ein in der Grube laufender Schlitten mit rotierenden Düsen ermöglichten genauso eine Unterbodenwäsche. Die Aufnahme mit 78 207 entstand dagegen schon im Jahr 1958. Die Wirkungsweise der Unterbodenwäsche war nicht ganz unumstritten, sorgten doch die scharfen Wasserstrahlen für eine allzu gründliche Reinigung der Lokomotiven. Sie spülten nicht nur den Dreck von den Betriebseinsätzen weg, sondern entölten mitunter die Lagerschmierstellen, was verständlicherweise unweigerlich zu Fahrzeugschäden führen musste. Dagegen war die „Handwäsche", wie hier im Jahr 1953 die Triebwerksreinigung einer 50er beim Bw Köln Bbf, die zwar arbeitsintensivere, im Zweifelsfall aber doch auch die schonendere Variante der Triebfahrzeugpflege. Aufnahmen (4): Fischer, Bildarchiv der Eisenbahnstiftung

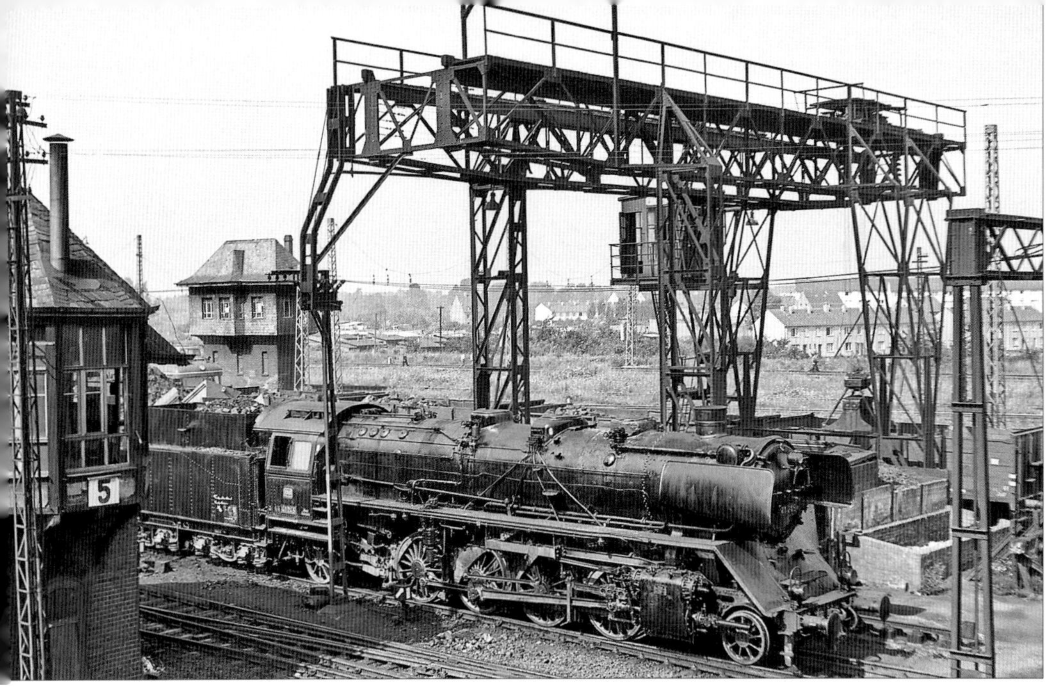
5

41 001
50 2222

Achtung!
5Km/h
44 1668

Linke Seite:

Bild 170 bis 173 – Das Bw Köln-Eifeltor verfügte über eine recht interessante Verladebrücke zum Befüllen des Hochbunkers mit Kohle. Natürlich stammt sie von einem ortsansässigen Maschinenbauer, namentlich der J. Pohlig Aktiengesellschaft, die ihren Sitz quasi um die Ecke in Köln-Zollstock hatte. Im August 1958 ist es 41 245, die nach der Bekohlung in der Sonne glänzt. Dahinter die mit Fahrdraht versehenen Gleise, denn schon in wenigen Wochen wird in Köln das elektrische Zugzeitalter beginnen (siehe Bild links oben). Kleine Lokparade vor dem Rechteckschuppen mit den Lokomotiven (von links) 41 001, 50 2222, 50 1868 und 50 2785 im Oktober 1955. Frisch bekohlt ist 44 1668 unter dem Hochbunker hervorgefahren; das Ensemble gleich noch einmal von der gegenüberliegenden Seite mit dem für die konstante Wasserversorgung des Bahnbetriebswerks notwendigen Wasserturm.

Bild 174 bis 176 – Bevor die 41 001 als erstgebaute ihrer Baureihe (Schwarzkopff, 1936) unter den Eisenbahnfotografen zur „Starlok" avancierte, präsentiert sie sich hier noch mit Wagnerblechen versehen im Oktober 1955 auf der Drehscheibe ihrer Heimatdienststelle. Den genieteten Tender 2'2'T 32 behielt sie ganz im Gegensatz zu den vielen Schwestermaschinen bis zu ihrer Ausmusterung am 12. März 1968. Einsatzschwerpunkt der Eifeltorer Mikados waren bis zur Elektrifizierung die beiden Rheinstrecken nach Koblenz und Oberlahnstein sowie die Verbindung über Mönchengladbach bis zum Grenzbahnhof Kaldenkirchen/Venlo. So sah der Meister die Situation beim Blick aus dem Führerstand der 41 001 entlang des Langkessels von der Drehscheibe in Blickrichtung Schuppen (Bild rechts oben). Nochmals die Verladebrücke mit Greiferkatze und dem hinter dem sauber aufgetürmten Kohlenhaufen befindlichen Hochbunker.

Aufnahmen (7): Dr. Walter Scheer, Sammlung Hans-Peter Arenz

Bild 177 bis 179 – Unter dem filigran anmutenden Hochbunker ergänzt im Mai 1951 eine Kriegslokomotive der Baureihe 42 des Bw Bingerbrück ihre Kohlenvorräte. Nach Köln gelangte sie vor einem planmäßigen Güterzug entlang der linken Rheinstrecke. Den während des Zweiten Weltkriegs ab 1943 beschafften Maschinen der Baureihe 42 blieben trotz ihres jungen Alters eine nur denkbar kurze Einsatzzeit; bis Mitte der 1950er Jahre hatte sich die Deutsche Bundesbahn bereits von den letzten Exemplaren getrennt gehabt, abgesehen von den Maschinen, die sie im Nachgang mit dem Anschluss der Eisenbahnen des Saarlandes 1957 übernehmen sollte und in Saarbrücken bis 1962 im Einsatz standen. Die 41 001 zeigt sich mit geöffneter Rauchkammertür neben einem abwesend dreinschauenden Bundesbahner. Bei den durch das Bw Köln-Eifeltor spazierenden Herren handelt es sich um die Teilnehmer einer die Baulichkeiten in Augenschein nehmenden Delegation.

Aufnahmen (2): Adolf Dormann, Bildarchiv der Eisenbahnstiftung
Aufnahme links unten: Dr. Walter Scheer, Slg. Hans-Peter Arenz

Rechte Seite:

Bild 180 – Vom Wasserturm aus eröffnete sich dem Betrachter im Oktober 1955 dieser Ausblick auf die Rechteckschuppen-Anlage mit einem Teil des für den Eilgutverkehr bedeutenden Güterbahnhofs Köln-Eifeltor.

Aufnahme: Dr. Walter Scheer, Sammlung Hans-Peter Arenz

1
2
3
4
5

Köln 6601 Kranwagen
DB

Köln 6601 Kranwagen
DB

Köln 6601 Kranwagen
DB

Linke Seite: Bild 181 bis 184 – Beim Umsetzen eines alten Wagenkastens bediente man sich im Oktober 1955 in Eifeltor des beim Bahnbetriebswerk Köln-Nippes beheimateten 25-t-Brückenbaukrans „Köln 6601". Bei dem aus heutiger Sicht geradezu archaisch anmutende Gefährt handelte es sich um einen aus dem Jahr 1930 stammenden Ardelt-Dampfkran mit verschiebbarem Oberwagen. Aufnahmen (7): Dr. Walter Scheer, Sammlung Hans-Peter Arenz

Bild 185 bis 187 – Alltagsimpressionen von der Südausfahrt des Bahnhofs Köln-Eifeltor. Die windleitblechlose 50 210 verlässt im Jahr 1952 ihren Heimatbahnhof vor einem Güterzug in Fahrtrichtung Bonn. Im Jahr darauf ist es 03 010 des Bw Mainz vor einem Schnellzug, die die Signalbrücke entgegengesetzt passiert und dem Kölner Hauptbahnhof entgegeneilt. Im Dezember 1958 passiert ein dampfbespannter Reisezug den Bahnübergang an der Militärringstraße. Erst seit Kurzem steht der Fahrdraht (bis Köln-Gereon) unter Spannung, noch aber bleibt dem Dampfbetrieb eine Galgenfrist bis zum anstehenden Fahrplanwechsel im Mai 1959.

Bild 188 und 189 – Behelfsstellwerke auf Basis ausgedienter Wagenkästen, wie hier das Stellwerk „Es“ in Köln-Eifeltor, gehörten einmal beinahe zum gewohnten Erscheinungsbild der Eisenbahn. Sie stammten aus jenen Tagen, als es nach dem Zweiten Weltkrieg darum ging, bei den Bahnhöfen mit möglichst geringem Aufwand für schnellen Ersatz einer Vielzahl kriegszerstörter Stellwerke zu sorgen. Fast hat man den Eindruck, als würde der hier auf der Türschwelle seines bescheidenen Arbeitsplatzes stehende Stellwerker ein wenig neidisch auf den Kollegen gegenüber schauen, der seinen Dienst bereits in einem modernen Stellwerk verrichten darf (1955).

Rechte Seite:

Bild 190 – Einige Jahre später, im August 1958, hat sich das Bild in Köln-Eifeltor auf Höhe der Signalbrücke trotz des noch fehlenden Fahrdrahts dennoch grundlegend geändert gehabt. Die noch recht neue, erst zehn Monate im Dienst stehende V 200 021 (Bw Hamm P) strebt mit einem F-Zug via Bonn dem Rheintal entgegen und wird ihre Fahrt vor dieser Leistung wohl in der Mainmetropole beenden. Die die Gleise querende Brücke gehört zum Kölner Autobahnring im Verlauf der noch im Bau befindlichen Bundesautobahn 4 zwischen Köln und Aachen, die erst Ende 1960 durchgehend befahrbar sein wird. An den sich auf dieser Höhe heute jenseits der Gleise erstreckenden Containerbahnhof war zu diesem frühen Zeitpunkt nicht einmal ansatzweise zu denken, dessen Bau erst mit dem unaufhaltsamen Siegeszug der genormten ISO-Container ein Jahrzehnt später realisiert werden sollte.

Aufnahmen (3): Dr. Walter Scheer, Sammlung Hans-Peter Arenz

DB
V 200 021
DEUTSCHE BUNDESBAHN

Bild 191 bis 193 – Das Geschehen immer fest im Blick: Stellwerksperspektiven mit regem Rangierbetrieb beim Eilgüterbahnhof Köln-Gereon. Die Rangierteckel der Baureihe 91 gehen ihrer angestammten Arbeit nach, genauso wie eine noch windleitblechlose 50er. Hauptanliegen des Fotografen bei der Umsetzung dieser Aufnahmen dürfte die Inszenierung der WL-Anlagen (Wechselsprechanlagen), vermutlich vom Typ WL51, gewesen sein, wie sie von den Herstellern Neumann und Telefunken gebaut wurden. Die Gehäuse der Wechselsprechgeräte sind natürlich noch ganz aus Bakelit. Entstanden sind die Aufnahmen im Jahr 1954. Am Horizont die Silhouette des mächtigen Kohlenbunkers des Bahnbetriebswerkes Köln Bbf mit der quer über das Eisenbahnareal verlaufenden Kohlenseilbahn (Bild oben). Aufnahmen (3): Bildarchiv der Eisenbahnstiftung

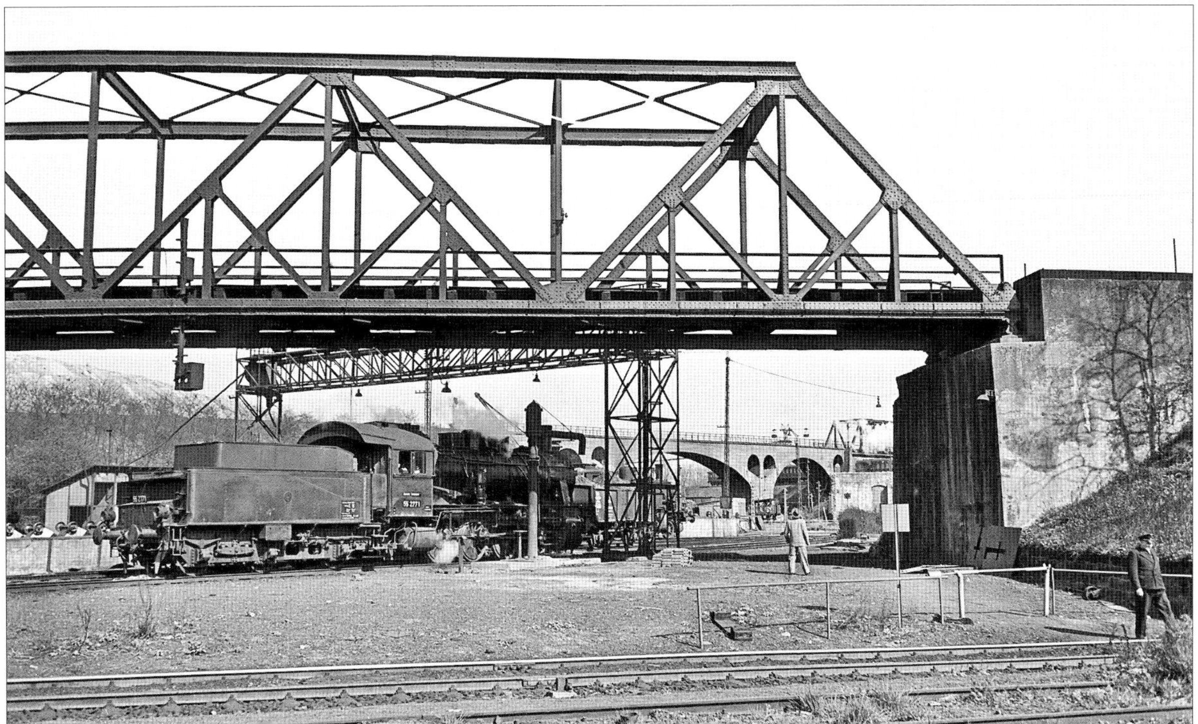

Bild 194 und 195 – Aufenthalt der Gastlok 55 2771 des Bw Köln-Kalk Nord im Bereich des ehedem in unmittelbarer Nachbarschaft zum Bw Köln Bbf gelegenen, um 1940 aufgelösten Bw Köln-Gereon. Es befand sich im tieferliegenden Dreieck der Zufahrtsgleise von Köln West zum Hauptbahnhof (Brücke im Vordergrund) sowie dem gegenläufigen Streckengleis mit dem im Hintergrund befindlichen Bogenviadukt einerseits und der Bahnlinie von Aachen andererseits. Diese lässt sich ansatzweise am hinter dem Bogenviadukt auszumachenden Streckenverlauf lokalisieren, wo gerade ein Reisezug in Richtung Hauptbahnhof dampft (Bild links). Aufnahmen (2): Fischer, Bildarchiv der Eisenbahnstiftung

Bild 196 bis 198 – Der innerstädtisch gelegene Güterbahnhof Gereon im Jahr 1957 mit dem Kölner Dom als markantem Bezugspunkt. Noch deutet nichts darauf hin, dass diesen bedeutenden Güterumschlagplatz einmal ein jähes Ende ereilen könnte. Im Verschub machen sich noch Maschinen der Baureihe 55 nützlich. Bereits Mitte der 1970er Jahre hatten die Bahnhöfe Eifeltor, Bonntor und Ehrenfeld jedoch zunehmend Aufgaben von Gereon übernommen. Auch in der Folgezeit wurden dann die verbliebenen Aufgaben weiter abgebaut und auf andere Bahnhöfe übertragen, mit der folgenschweren Konsequenz, dass der Güterbahnhof Gereon mit Wirkung zum 1. Februar 1985 als selbstständige Dienststelle aufgelassen und dem Bahnhof Köln-Eifeltor angegliedert werden konnte. Daraufhin folgte die vollständige Räumung des über 200.000 Quadratmeter großen Bahnhofareals an der Erft- und Maybachstraße, das der Stadt Köln zum Kauf angeboten wurde; heute befindet sich auf dem Gelände des ehedem traditionsreichen Güterbahnhofs Gereon in bester Citylage der Kölner Mediapark. Wäre da nicht das auf den Abbildungen zu sehende Stellwerk „Ga", das als denkmalgeschütztes Relikt aus den Tagen der Eisenbahn die Zeiten überdauern konnte, nichts würde mehr darauf schließen lassen, wo sich im Norden des Kölner Stadtteils Neustadt der Güterbahnhof Gereon dereinst überhaupt erstreckt haben könnte.

Aufnahmen (3): Fuchs, Sammlung Bernd Schwarz

F

Linke Seite: Bild 199 bis 202 – Streckenwirrwarr vor den Toren Kölns. Blick aus dem Abteilfenster eines (aus Richtung Aachen) in Köln einlaufenden Schnellzugs auf Höhe der die Gleise querenden Kohlenseilbahn, aufgenommen Anfang der 1960er Jahre. Die Dieselbespannung lässt erkennen, dass die Aachener Strecke noch ohne Fahrdraht ist, während der kreuzende, südwärts gen Rheintal laufende Schnellzug bereits elektrisch fährt. Vom Hauptbahnhof kommend, umfährt im Jahr 1948 eine 78er vor dem nächsten Halt in Köln West mit einer Garnitur „Donnerbüchsen" im weiten Bogen den rechts unterhalb gelegenen Betriebsbahnhof (Bild rechts oben). Nach dem Queren der Kohlenseilbahn passiert der Personenzug die Überführung der Aachener Strecke. Ebenfalls in diesem Bereich rollt im Jahr 1948 eine 74er mit ihren „Donnerbüchsen" südwärts. Das links hinten über die Bahn führende Gerüst gehört wiederum zur Kohlenseilbahn (Bild links unten). Der Verlauf der Kohlenseilbahn im Bereich der Blockstelle Kanalstraße um 1950. Die Fangeinrichtung unter den Loren dient dem Schutz des unterhalb stattfindenden Zugbetriebs vor etwaigen herabfallenden Kohlebrocken.

Bild 203 (oben) und 204 (rechts) – Die markante, ineinandergreifende Doppeldrehscheibe des Bw Köln Bbf in der Draufsicht, wie sie sich von hoch oben beim Blick aus dem Kohlenhochbunker ergab. Ein Bahnbediensteter geht im Hochbunker seiner sicherlich alles andere als sauberen Arbeit nach. Aufgrund der beengten Platzverhältnisse innerhalb des Bahnbetriebswerks musste die Kohle kontinuierlich von der im Bereich der Verbindungsbahn Ehrenfeld – Nippes befindlichen Verladestelle (ehedem in der Hornstraße unweit des heutigen Etablissements „Pascha" gelegen) mittels einer 735 m langen Loren-Seilbahn zum Hochbunker befördert werden. Täglich waren dies bis zu 1.200 t Kohle, die zwischen Verladestelle und Hochbunker an ihren Bestimmungsort schwebte. Das monströse Gebäude ermöglichte nicht nur die Bevorratung von 5.000 t Kohle, sondern verfügte zudem über einen 1.200 m³ fassenden Wasserspeicher. Obendrein war in dem Gebäude gleich auch noch die für die Dampflokomotiven erforderliche Besandungseinrichtung integriert. Zusammen mit der Loren-Seilbahn war das gewaltige Gebäude eine in jeder Hinsicht herausragende Erscheinung unter den Lokomotivbehandlungsanlagen der Deutschen Bundesbahn.

Aufnahmen (6): Fischer, Bildarchiv der Eisenbahnstiftung

Bild 205 und 206 – Im Jahr 1950 sind es Lokomotiven der Baureihen 62 und 78, die vor dem monumentalen Hochbunker ihren nächsten Einsätzen „entgegensäuseln". Obwohl der Zweite Weltkrieg bereits einige Zeit zurückliegt, ist der Hochbunker nach wie vor deutlich von dessen Auswirkungen gezeichnet. Als dann zu Beginn der 1960er Jahre die 01 1001 auf der entgegengesetzten Seite in Szene gesetzt wurde (rechtes Bild), sind die Kriegsfolgen endgültig überwunden und der Hochbunker in seiner ursprünglichen Bausubstanz erhalten geblieben. Ganz im Gegensatz dazu hatte die Schnellzugmaschine ihr Aussehen gänzlich verändert. Im Jahr 1939 mit einer Stromlinienverkleidung angeliefert, wurde diese im Rahmen einer Hauptuntersuchung nach dem Krieg entfernt und die Lok mit kleinen Windleitblechen versehen.

Aufnahme (oben): Fischer, Bildarchiv der Eisenbahnstiftung,
Aufnahme (rechts): Friedrich Fuchs, Sammlung Bernd Schwarz

Rechte Seite:

Bild 207 und 208 (links) – Die kriegszerstörte Schuppenanlage des Bw Köln Bbf wurde nicht wieder komplett instand gesetzt. Vielmehr präsentierten sich um 1952 die Schuppenstände 2 bis 14 als Freiluftanlage mit dem teilweise noch vorhandenen stählernen Gerippe der Dachkonstruktion. Neben der eindeutig zuzuordnenden 74 1212 sind es darüber hinaus unterschiedliche Dampfloktypen, die das Geschehen bestimmen, sowie auch ein Schienenbusbeiwagen VB 142.

Aufnahmen (2): Fischer, Bildarchiv der Eisenbahnstiftung

Bild 209 (rechts) – Bis zum 20. Oktober 1973 hatte man den Kohlenhochbunker, der sich – wie unschwer zu erkennen ist – über mehrere Etagen erstreckte, in weiten Teilen abgerissen. Wie es heißt, musste die Deutschen Bundesbahn für den Abriss mehr Geld in die Hand nehmen, als die Deutsche Reichsbahn seinerzeit für den Bau.

Aufnahme: Peter Schiffer, Bildarchiv der Eisenbahnstiftung

Bild 210 bis 212 – Die dem Hauptbahnhof südwestlich vorgelagerten Bahnanlagen in Luftaufnahmen aus den frühen 1930er Jahren. Beeindruckend die Lage des Betriebsbahnhofs inmitten der das Areal umschließenden Zuführungs- und Abführungsstrecken. Markante Bezugspunkte sind natürlich der große Ringlokschuppen und der Kohlenhochbunker mit der wie ein Strich in der Landschaft verlaufenden Kohlenseilbahn. Jenseits der Gleise rechts das unmittelbar angrenzende Bw Köln-Gereon. Im Anflug von Südosten liegt im Vordergrund der Güterbahnhof Gereon mit den Umladehallen der Güterabfertigung (Bild links unten). Auf dem Gelände des ehemaligen, Mitte der 1980er Jahre von der Deutschen Bundesbahn aufgelassenen Güterbahnhofs erstreckt sich heute der Mediapark.

Aufnahmen (3): Bildarchiv der Eisenbahnstiftung

Bild 213 bis 215 – Hier wurde die Kamera vom Hansahochhaus aus auf den Betriebsbahnhof gerichtet. Vom Dampfbetrieb sind lediglich die dereinst relevanten Hochbauten übrig geblieben, ansonsten herrscht längst die elektrische Traktion vor. Die Zuführungsgleise zum ehemaligen Kohlenhochbunker dienen als Abstellplatz für Reisezugwagen; er wurde seiner Aufgabe längst enthoben und wartet derweil auf den über kurz oder lang bevorstehenden Abriss. Ring- und Rechtecklokschuppen verfügen noch über hohe Schornsteine, die unter anderem einmal der zentralen Abführung der Dampflokabgase dienten und als stumme Zeugen nun mehr oder weniger nutzlos in den Himmel ragen. Bei dem auf der Aufnahme rechts unten im Hintergrund querverlaufenden Hallenkomplex handelt es sich um den 1895 am Gladbacher Wall eröffneten Postbahnhof, der vornehmlich dem Briefumschlag diente und bis in die 1990er Jahre im Betrieb war (während beim Postbahnhof im rechtsrheinischen Deutz vorzugsweise Pakete und Päckchen abgefertigt wurden).

Aufn. (3): Hans Frings, Bildarchiv der Eisenbahnstiftung

Bild 216 (linke Seite)
Blick von der 166 m hoch gelegenen Aussichtplattform des „Colonius" an der Inneren Kanalstraße auf die Betriebsanlagen des Bw Köln Bbf am 24. Mai 1986. Hinten links befährt ein Elektrotriebwagen der Baureihe 403 als Lufthansa-Airport-Express auf dem Weg von Düsseldorf nach Frankfurt am Main das Überführungsbauwerk in Richtung Köln West, während sich rechts unten in der Gegenrichtung ein aus der Eifel kommender, mit einer Diesellokomotive der Baureihe 215 bespannter Personenzug dem Hauptbahnhof nähert. Nebenbei bemerkt, ist die Aussichtsplattform des Fernmeldeturms für Besucher bereits seit 1999 nicht mehr zugänglich.

Aufnahme: Joachim Bügel

Bild 217
Aufgrund der deutlich veränderten Situation im Fernverkehr mit dem überwiegenden Einsatz von ICE-Elektrotriebwagen hat sich das Bild des Betriebsbahnhofs mit seinen modernen Baulichkeiten grundlegenden gewandelt. Bereitstehende ICE-Triebzüge und IC-Zuggarnituren bestimmen maßgeblich das Betriebsgeschehen. Entstanden ist die Übersichtsaufnahme am Abend des 7. Juli 2010 aus einem Heißluft-Luftschiff.

Aufnahme: Volker Rentsch

Bild 218 und 219 (oben links und unten links) – Während die Kohle beim Betriebsdienst längst keine Rolle mehr spielte, war der fossile Brennstoff bei der Bahn nicht generell entbehrlich, sorgte doch auf so manchem Stellwerk alter Prägung noch eine antiquierte Ofenheizung für wohlige Wärme. In Köln waren es vorzugsweise die preiswerten „Klütten" aus dem nahen Rheinischen Revier, die in den Dienstöfen verfeuert wurden. So liegt im Dezember 1986 vor dem Stellwerk „R 3" beim Betriebsbahnhof ein Berg Braunkohlebriketts zur Einlagerung für den bevorstehenden Winter bereit. Wahrlich ein Relikt aus dem Vor-Handy-Zeitalter ist das monströse Münztelefon, das im Bw Köln Bbf den Bediensteten das stationäre Telefonieren vorzugsweise mit den Lieben daheim ermöglichte.

Bild 220 und 221 (rechts oben und rechte Seite) – Wie so oft waren es beim Bw Köln Bbf die türkischen Gastarbeiter, die mit Putzeimer, Feudel und Schrubber bewaffnet jene Arbeiten auszuführen hatten, für die sich die deutschen Kollegen zu fein waren. Die Reinigungskräfte dürften auf dem Weg zur nahen Abstellgruppe sein, um dort hinterstellte Reisezugwagen einer gründlichen „Handwäsche" zu unterziehen, schließlich gehörte es noch zum selbstverständlichen Service der amtierenden Deutschen Bundesbahn, den zahlenden Fahrgästen das Reisen in sauberen Wagen zu ermöglichen. Ob sich die abgebügelte 110 258 gerade auf den Weg zum nächsten Einsatz befindet oder aber nach vollbrachtem Tagwerk in ihre Heimatdienstelle einrückt, ist nicht überliefert. Sicher ist dagegen, dass eine Etage höher ein 103-bespannter Intercity südwärts strebt. In vorweihnachtlicher Bw-Atmosphäre demonstrieren zwei türkische Landsleute schwungvoll das Prinzip eines rollfähigen Müllcontainers aus feuerverzinktem Stahlblech (Dezember 1986).

Aufnahmen (4): Wolfgang Clössner

DB
110 258-1
110 258-1

Bild 222 bis 224 (rechte Seite) – Als beim Bahnbetriebswerk Köln Bbf, jener Dienststelle, die von der Deutschen Bundesbahn zusammen mit dem benachbarten Bw Deutzerfeld nüchtern zum Bw Köln 2 zusammengefasst worden war, noch Elloks der Baureihe 103 wendeten. Am 14. April 1994 konnten auf den Drehscheiben 103 104 (Bw Frankfurt/M 1) und 103 204 (Bw Hamburg 1) gesichtet werden, die sich nach vollbrachter Standzeit auf den Weg zum nahen Hauptbahnhof begaben, um dort ihren Einsatz im Intercity-Verkehr anzutreten. Und das alles geschah zu einem Zeitpunkt, als tatsächlich das Ansinnen, im Bw-Bereich einige Fotos machen zu dürfen, von der Bahn noch positiv beschieden wurde. Der Zusammenschluss von Bundesbahn und Reichsbahn zur Deutschen Bahn liegt erst kurz zurück, und doch hat der Wandel der Bahn in der Außenwirkung hin zum privatwirtschaftlich geführten Unternehmen begonnen, etliche Triebfahrzeuge tragen bereits das neue DB-Signet. Als weitere nette Geste wurde an diesem Tag wie selbstverständlich gleich auch noch die Diesellok 212 255 aus dem Lokschuppen gefahren und auf der Drehscheibe in Positur gebracht. Nebenbei bemerkt, sind die im Bild festgehaltenen bescheidenen Reste einer ehedem stolzen Schuppenanlage längst auch dem Erdboden gleich gemacht worden, und das Betreten des Geländes ist für interessierte Eisenbahnfreunde kaum mehr möglich.

Bild 225 und 226 (folgende Doppelseite) – Auf den Freiständen geben sich Maschinen der Baureihen 103, 110 und 111 ein fotogenes Stelldichein. Die Zeit überdauert haben lediglich die beiden Exponate der Baureihe 111. Im Jahr 1982 an die ehemalige Bundesbahn abgeliefert, haben sie mittlerweile auch schon drei Jahrzehnte auf dem Buckel und gehen unaufhaltsam ihrem absehbaren Ende entgegen. Einen Teil der Strahlengleise hatte man gerade erst nach den neuesten Umweltschutzbestimmungen saniert, als sich ebenfalls am 14. April 1994 diese Aufstellung mit den Lokomotiven 103 204, 218 145, 360 404 (hier im Bild verdeckt), 213 337, 215 025 und 218 139 vor dem Fernmeldeturm „Colonius" ergab. Die Stellplätze der Lokomotiven sind mit Auffangschalen und Gitterrosten versehen worden, damit von den Triebfahrzeugen abtropfende Schmiermittel oder Öle nicht mehr ungehindert in das Erdreich gelangen.

Aufnahmen (5): Udo Kandler

16
17
18
19
20
21
22
DB
212 256-4
212 255-4

DB
103 232-5
DB
103 204-4
24
26
DB
110 476-9
DB
111 196-2
DB
111 189-7
26
27
28
29
28

103 204-4
218 145-1
213 337-9
215 025-6
218 139-4

Bild 227 bis 229 – Im Zuge der Elektrifizierung der rechten Rheinstrecke galt es im Jahr 1962 beim Gremberger Rangierbahnhof das Reiterstellwerk „Gn" anzuheben. Ganz im Sinne der regionalen Wirtschaftsförderung hatte die Deutsche Bundesbahn mit der diffizilen Arbeit ein ortsansässiges Spezialunternehmen betraut, das unübersehbar mit gleich zwei Bautafeln auf sich aufmerksam machte. Und doch blieb dem seit 1932 in Köln-Kalk ansässigen Stahlbauer der Niedergang nicht erspart, musste das Unternehmen aufgrund verfehlter Firmenpolitik im Jahr 1979 den Betrieb schließen. Auffallend sind die Einschusslöcher an der Fassade, die noch von den Kampfhandlungen des Zweiten Weltkriegs herrühren. An der Nordausfahrt des Gremberger Rangierbahnhofs helfen im Februar 1956 in Köln stationierte Soldaten der belgischen Streitkräfte bei der Bewältigung der Schneemassen aus. Im Hintergrund verlässt die Osterfelder 50 2277 den Rangierbahnhof gen heimatliche Gefilde.
Aufnahmen (3): Fischer, Bildarchiv der Eisenbahnstiftung

Bild 230 bis 232 – Auch viele Jahre später, als sich Lok 140 201 (Bw Deutzerfeld) am Abend des 9. Mai 1989 unter dem Stellwerk hinweg mit ihrem Güterzug in Bewegung setzt, hat sich das Erscheinungsbild des Reiterstellwerks so gut wie gar nicht verändert. Lediglich die Bezeichnung als „Gnf" (Gremberg Nord Fahrdienstleiter) wurde geändert. Als am 8. August 1995 an derselben Stelle die Nürnberger 151 035 bzw. die Dortmunder 143 965 mit einer 140 im Schlepp des Weges kommen, hat sich das Bild dann aber doch sichtlich gewandelt. Unter Beibehaltung der alten Bausubstanz hatte man das alte Fahrdienstleiterstellwerk zwischenzeitlich einer gründlichen Modernisierung unterzogen. Die gewählten Farbtöne sind für derartige Zweckbauten der Bahn hierzulande eher ungewöhnlich und erinnern ein wenig an ein Land am Mittelmeer, das in der Finanzwelt für beträchtliche Schlagzeilen sorgt. Erst jüngst erfolgte die Außerdienststellung des aus dem Jahr 1927 stammenden elektromechanischen Stellwerks zugunsten eines mit ESTW-Technik, das im November 2011 in Betrieb genommen wurde.

Bild 233 und 234 (folgende Doppelseite) – Das Bahnbetriebswerk Gremberg, nach offiziellem Terminus der Deutschen Bahn übergangsweise als Betriebshof bzw. Werk tituliert, ist bis heute die alles entscheidende Kölner Dienststelle für die Gestellung von Güterzuglokomotiven. So sind es im Sommer 1995 die elektrischen Lokomotiven der Baureihe 140, die unangefochten das Bild bestimmen. Die Strahlengleise, auf denen sie dem nächsten Einsatz entgegendämmern, stammen noch aus jenen Tagen, als hier König Dampf regierte. Im Jahr darauf sind es in der abendlichen Pause des 10. August 1996 die beim nahen Rangierbahnhof im Verschub tätigen Dieselloks der Baureihe 290, die das Bild bestimmen. Neben der verkehrsroten Farbvariante zeigt sich das Gros der Maschinen noch im ursprünglichen purpurroten Farbgewand – oder besser, was davon übrig geblieben war. Allen Maschinen gemein war im Sinne des Umweltschutzes ein Farbkleid aus Lacken auf Wasserbasis, die sich allerdings als wenig lichtecht erwiesen und nach nur kurzer Einsatzzeit für ein unansehnliches Erscheinungsbild sorgten.

Aufnahmen (5): Udo Kandler

DB
140 780-8
DB
140 084-5

290 163-5
290 220
290 225-2
290 225-2

Bild 235 bis 237 (rechte Seite) – Nach der Wende konnten sich die überaus zuverlässigen Elloks der Baureihe 143 der ehemaligen Deutschen Reichsbahn der DDR (ex BR 243) auf dem Gebiet der alten Bundesrepublik im Güterzugdienst ein neues Betätigungsfeld erschließen. Noch ganz „DDR-like" präsentiert sich am Nachmittag des 1. Mai 1994 in Gremberg Lok 143 957, die übergangsweise den angespannten Triebfahrzeugbestand des Bw Dortmund 1 unterstützt. Das Bemühen, dem kleinen Erdenbürger das Interesse an der Eisenbahn näher zu bringen, sollte dagegen weniger erfolgreich verlaufen. Am 26. Juni 2002 sind es überwiegend die aus Bundesbahnzeiten stammenden Gesichter der Elloks, die in Gremberg bis zum nächsten Einsatz auf den neu angelegten Freiständen Aufstellung genommen haben.

Aufnahmen (3): Udo Kandler

2
2
1
ACO DRAIN • E 100K 10.0

055 738-9
DB
055 738-9

Bild 239 und 240 – Im Bereich des Bw Gremberg ist im Jahr 1953 eine Gleisrotte mit der Instandsetzung der örtlichen Gleisanlagen beschäftigt. Das Ein- und Ausheben der Gleisjoche erfolgt mit dem Schienenkran „Jumbo“, ansonsten ist der ganze Körpereinsatz der Arbeiter gefordert. Die im Herzen des Ruhrgebiets beim Bw Oberhausen-Osterfeld Süd beheimatete Gastlok 50 788 hat wohl vor einem im Montanverkehr angesiedelten Güterzug Gremberg erreicht. Die anstehende Rückreise wird sie dann womöglich vor einem Erzganzzug angetreten haben. Mit frischem Brennstoff wird am selben Tag die 50 3140 versorgt.

Aufnahmen (2): Fischer, Bildarchiv der Eisenbahnstiftung

Bild 238 (linke Seite) – Im Juli 1967 war es nach erledigtem Tagwerk dagegen die Lok 055 738, die bei ihrer Heimat-Dienststelle nach dem Bekohlen auf dem Schlackensumpf gleich noch die Wasservorräte ergänzt. Anhand des Betankungsvorgangs wird hier sehr schön die Funktionsweise eines Gelenkwasserkrans deutlich. Die Maschinen der Baureihe 55^{25} waren im nahen Rangierbahnhof die klassischen Verschub-Teckel und bewältigten zudem im Nahbereich allerlei Übergabefahrten (z.B. nach Siegburg). Am 18. Oktober 1972 stellte das Bw Gremberg die letzte preußische $G\,8^1$ (055 538) der Deutschen Bundesbahn ab, nachdem 055 738 ihre aktive Laufbahn schon zu Beginn des Jahres am 5. Februar beenden musste.

Aufnahme: Dr. Walter Scheer, Sammlung Hans-Peter Arenz

Bild 241 – Unter der Großbekohlungsanlage des Bw Gremberg konnte am 5. Juni 1975 Lok 044 592 des Bw Betzdorf angetroffen werden. Vor einem Durchgangsgüterzug gelangte sie nach Gremberg und wird nun für die bevorstehende Rückfahrt entlang der Siegstrecke aufgerüstet. Sowohl beim Bw Gremberg als auch beim Bw Betzdorf stand das Ende der Dampflokzeit kurz bevor. Bereits am 27. September des Jahres sollte letztmalig eine Betzdorfer 44er von Gremberg aus einen Durchgangsgüterzug gen Heimat bespannen. Mit der Abgabe der verbliebenen betriebsfähigen Maschinen der Baureihe 50 an das Bw Duisburg-Wedau wurde das letzte Kölner Bahnbetriebswerk am 1. Oktober 1975 dampffrei.

Bild 242 und 243 – Am 25. März 1972 war beim Bw Gremberg dagegen die Welt der Dampftraktion noch in Ordnung. Neben den Dampflokomotiven der Baureihe 050 bis 053 sind es jene der Baureihe 055, die sich rund um den Dom nützlich machen. Während 051 861 zum nächsten Einsatz rollt, bleibt den vor dem Schuppen stehenden 050 143 und 050 907 noch eine mehr oder weniger lange Verschnaufpause. Dazwischen strecken auf den Freiständen eine der hier beheimateten 055 und eine 044 des Bw Betzdorf dem Fotografen ihre Schlepptender entgegen. Am 4. Oktober 1972 wartet die ausgemusterte 055 455 alias 55 4455 bereits auf ihr weiteres Schicksal. Vom benachbarten Bw Köln-Kalk Nord kommend, war die Maschine am 2. November 1959 auf den Bestand des Bw Gremberg übergegangen, wo sie am 4. Juli 1972 ihren aktiven Dienst beendete. Aufnahmen (3): Peter Schiffer, Bildarchiv der Eisenbahnstiftung

Bild 244 – Vor dem großen Rundumschlag im Zuge der Baumaßnahmen für die Neubaustrecke Köln – Rhein/Main, die das Gesicht der Eisenbahn nicht nur in Porz grundlegend verändern sollten, rollt hier im Mai 1998 ein gemischter Güterzug mit 155 232 noch ganz im Umfeld alter Eisenbahninfrastruktur dem nahen Rangierbahnhof Gremberg entgegen. Aufnahme: Udo Kandler

Railion
152 091-5
Railion
OS WT 840
WITTFELD

Bild 245 bis 247 – Am 1. Juni 2000 waren die Arbeiten in Porz innerhalb des Bauabschnitts Nord weit fortgeschritten. Im Gleisbau setzte die im niedersächsischen Wallenhorst ansässige Baufirma Wittfeld einen Zweiwege-Unimog vom Typ U 1650 mit Werner-Kranaufbau PK 16000 ein. Während der 1995 gebaute Zweiwege-Unimog schon so manchen Einsatz absolviert haben dürfte, verhält es sich bei der Nürnberger 152 091 ganz so, dass sie seit ihrer Ablieferung durch die Lokomotivfabrik Krauss-Maffei und der Indienststellung bei der Deutschen Bahn erst wenige Betriebseinsätze absolviert haben dürfte. Aufnahmen (3): Udo Kandler

In Sichtweite des Rheins

Bild 248 (oben links) – Die im Zuge der Güterumgehungsbahn Köln-Eifeltor/Köln Süd – Köln Bonntor – Köln-Kalk in den Jahren 1908 bis 1910 erbaute Südbrücke in einer Luftbildaufnahme von 1933. Das insgesamt 561,2 m lange Bauwerk umfasst neben den rechtsrheinischen Flutbrücken im Wesentlichen die drei Überbauten mit Stützweiten von 101,5 m, 165,0 m und 101,5 m. Der linksrheinische Brückenkopf zwischen dem Gustav-Heinemann-Ufer wurde dabei als monumentaler Turmbau ausgeführt. Im Vordergrund die sich am Rheinufer erstreckenden Gleisanlagen der Hafenbahn.
Aufnahme: Sammlung Gerhard

Bild 249 (oben rechts) – Im Jahr 1938 wechselt 58 1515 mit einem Güterzug in Richtung Gremberg die Rheinseite.
Aufnahme: RBD Köln, Bildarchiv der Eisenbahnstiftung

Bild 250 (unten) – Mehr als drei Jahrzehnte später ist es dann am 7. Juli 1971 die Neusser 051 039, die mit einem Nahgüterzug von Gremberg kommend entgegengesetzt über das Bauwerk rumpelt.
Aufnahme: Peter Schiffer, Bildarchiv der Eisenbahnstiftung

Bild 251 und 252 – Von den kriegszerstörten Kölner Rheinübergängen wurde als erster die Südbrücke wieder instand gesetzt und am 31. Mai 1946 in Betrieb genommen. Zunächst als eingleisige Behelfskonstruktion mit SKR-Überbau ausgeführt, erfolgte zwischen 1948 und 1950 der Wiederaufbau in der ursprünglichen Form. Dabei diente der doppelstöckige SKR-Überbau gleich auch als Gerüst für den Einbau der neuen Bogenelemente, hier im Jahr 1948 bei der Montage des mittleren Strombogens. Ab 1. Oktober 1950 war nach umfänglichem Wiederaufbau dann auch der zweigleisige Zugbetrieb wieder möglich. Aufnahmen (2): RBD Köln, Bildarchiv der Eisenbahnstiftung

Bild 253 – Was bei Rheinkilometer 688,48 die Hohenzollernbrücke für den Personenverkehr bedeutet, bedeutet bei Rheinkilometer 685,71 die Südbrücke für den Güterverkehr. Besonders ansprechend lässt sich der Zugbetrieb in den Abendstunden rechtsrheinisch im Bereich der über die Poller Wiesen führenden Flutbrücke vor der alten Speicherstadt im Bild umsetzen, mit etwas Glück sogar mit untergehender Sonne. Am späten Abend des 10. Juli 1995 wagt im entscheidende Augenblick ein Güterzug mit „Bügelfalten"-E 10 vor authentischer Kulisse den Seitenwechsel, sind doch die Gebäude der Speicherstadt ihrer ursprünglichen Bedeutung längst enthoben worden, in denen sich nach umfassender Sanierung heute Luxuswohnungen befinden.

Bild 254 (rechte Seite) – Über die Fachwerkbogenbrücke rumpelt eine Einheitselektrolokomotive der Baureihe 150. Bildeten die Loks dieser Baureihe zu Zeiten der Deutschen Bundesbahn das Rückgrat im schweren Güterverkehr, mussten sie unter der Ägide der Deutschen Bahn – wie mittlerweile beinahe alle anderen dem DB-Einheitslokomotivprogramm entstammenden Elloks auch – beizeiten das Feld zugunsten neuer Triebfahrzeuge räumen. Die letzten Exponate der Baureihe 150 rollten 2003 aufs Abstellgleis.

Aufnahmen (2): Udo Kandler

Bild 255 und 256 (links oben und unten) – Am 17. November 1989 durchfährt die 150 052 des Bw Hagen-Eckesey nach der Rheinquerung vor einem langen Güterzug die den linksrheinischen Brückenkopf der Südbrücke flankierenden Turmbauten. Im Gegensatz zur Hohenzollernbrücke blieben diese wenigstens als stark gekürzte Torsos erhalten. Aufgrund der ungeheuren Zugdichte passiert eine Vielzahl unterschiedlicher Triebfahrzeuge die Südbrücken, wie etwa am 16. Februar 2002 die Diesellok 228 742 der ehemaligen Deutschen Reichsbahn der DDR. Aufnahmen (2): Christoph Weinkopf

Bild 257 und 258 (oben rechts und rechte Seite) – Wenn die am Morgen des 22. März 2002 gewählte Froschperspektive auch den Anschein erwecken mag, als würde die Elektrolokomotive der Baureihe 155 beim Passieren der Südbrücke „über den Dingen stehen", dominiert der Sakralbau dennoch weithin sichtbar eindrucksvoll die Szenerie. Aus welchem Blickwinkel man ihn auch betrachtet: Der Dom mit seinen gewaltigen Türmen ist mehr denn je ein Anziehungspunkt mit enormer Strahlkraft, der die Menschen kontinenteübergreifend in seinen Bann zieht. So gehört sein Besuch beinahe zum Pflichtprogramm eines jeden Auslandstouristen. Ungeachtet etwaiger touristischer Erwägungen wird die Südbrücke im Umleiterverkehr durchaus auch von Personenzügen frequentiert, wie etwa diese von einer im orange-kieselgrauen City-Bahn-Look lackierten 111 geschobene Doppelstockgarnitur.
Aufnahmen (2): Udo Kandler

Bild 259 – Ob nun Dampflokomotive oder Dampfschiff – am Ende ihrer Laufzeit waren sie allemal begehrte Fotoobjekte. Am Kölner Rheinufer auf Höhe der Frankenwerft hielt die „Rüdesheim" beim dortigen KD-Anleger als einer der letzten auf dem Rhein eingesetzten Dampfer (neben den Raddampfern „Mainz" und „Goethe") die große Zeit der Dampfschifffahrt hoch. Vor der markanten Hohenzollernbrücke, auf der ein Elektrotriebzug der Baureihe 420 die Rheinseite wechselt, dümpelt am 11. September 1978 die aus dem Jahr 1926 stammende „Rüdesheim" ihrer nächsten Rheinfahrt entgegen. An diesem Ort diente sie später noch etliche Jahre als nicht fahrfähiges Restaurantschiff, bevor sie nach Rotterdam verkauft wurde und 1998 als „De Majesteit" auf dem Fluss Waal wieder Fahrt aufnahm.

Bild 260 und 261 – Auch sie gehörten einmal zum Kölner Eisenbahn-Alltag: die Elektrotriebwagen der Köln-Bonner Eisenbahnen. Unter anderem waren es die ihres Aussehens wegen „Silberpfeil" genannten Triebwagen, die aufgrund ihrer zukunftsweisenden Aluminium-Leichtbauweise Furore machten. Lange nachdem der anfängliche „Hype" um diese Fahrzeuge verflogen war, ist hier am 9. April 1978 der aus dem Jahr 1964 stammende ET 202 beim Rheinauhafen auf Höhe der Basilika St. Maria Lyskirchen und des rechts der Bahntrasse gelegenen Malakoffturms unterwegs. Am Agrippinaufer etwas weiter südlich ist es der Blick von der Südbrücke auf den am 7. Juli 1971 in Richtung Rodenkirchen fahrenden ET 59 der Köln-Bonner Eisenbahnen.

Aufnahmen (3): Peter Schiffer, Bildarchiv der Eisenbahnstiftung

DEMAG
7

Bild 262 bis 265 – Der sich gegenüber dem Kölner Stadtkern rechtsrheinisch im Bereich zwischen Deutzer- und Südbrücke erstreckende Deutzer Hafen in Ansichten aus dem Jahr 1953. Verbunden war der Hafen über den Sammelbahnhof Poll mit dem Übergabebahnhof Köln-Vingst, wo die Züge von der Deutschen Bundesbahn übernommen bzw. im Abgang übergeben wurden. Bis zum Jahr 1954 verfügte die Deutzer Hafenbahn über sechs Dampflokomotiven in unterschiedlichen Gewichtsklassen, und zwar eine Lok mit 68 Tonnen, zwei mit 48 Tonnen und drei mit 43 Tonnen Dienstgewicht, die aber bald schon von Diesellokomotiven mit der Achsfolge B abgelöst wurden.

Aufnahmen (4): Dr. Walter Scheer, Sammlung Hans-Peter Arenz

DB
219 081-7

Bild 266 (linke Seite) und 267 – Bei der im Deutzer Hafen angesiedelten Theo Steil GmbH wurden im Auftrag der Deutschen Bahn immer wieder ausgediente Triebfahrzeuge der ehemaligen Deutschen Bundesbahn bzw. Deutschen Reichsbahn verschrottet. Am 23. März 2003 warten am Hafenbecken nicht weniger als 13 ehemalige DR-Dieselloks auf ihr fragwürdiges Schicksal. Für alle Statistiker seien die Lokomotiven im Einzelnen genannt (von vorne nach hinten): 219 095, 234 442, 235, 582, 552 und 545, 219 066, 157, 012, 015, 023, 103 und 081.

Aufnahmen (2): Udo Kandler

Kölner Eigenheiten

Bild 268 bis 272 – Für Generationen von Kindern gehörte sie schlicht zum festen Inventar des Kölner Zoos: die Spielplatzlok in Gestalt einer ausrangierten preußischen T3. Als der Kölner Zoo 1960 auf sein 100-jähriges Bestehen zurückblicken konnte, sah sich die Deutsche Bundesbahn veranlasst, diesem die aus dem Jahr 1904 stammende Tenderlok (Hagans, Fabrik-Nr. 499) zu stiften. Die als 89 7462 eingereihte Maschine war alles andere als eine waschechte Kölnerin, vielmehr gelangte sie erst nach der am 6. August 1960 beim westfälischen Bahnbetriebswerk Hamm G erfolgten Ausmusterung in die Domstadt. Beim Bw Gremberg verpasste man dem Maschinchen vor der Überstellung zum endgültigen Standort nach Köln-Riehl auf dem Spielplatz des Zoos erst noch eine ansprechende optische Auffrischung. Bei dieser Gelegenheit wurde sie gleich auch nach Köln „eingemeindet" und erhielt die fiktive Beschilderung „BD Köln – Bw Gremberg". Der Transport in den Zoo erfolgte auf einem Straßenroller. Nachdem sie ihren Aufstellungsort erreicht hatte, wurde sie auch schon von einer Schar anwesender Kinder in Empfang genommen. An der Rauchkammertür befand sich noch das Schild, mit dem sie anlässlich der Überführung an den Rhein versehen worden war: „Auf nach Colonia. Spitz 89 7462 zum Abschied. Du warst so treu, du gehst zu früh, wer dich gekannt, vergißt dich nie. Die

Deutschlands populärste Spielplatzlok

trauernden Bediensteten des Bw Hamm G." Die rechts aufgestellte Tafel informierte gleich noch über die wesentlichen technischen Daten der „Rangier-Tenderlokomotive T3 der ehemaligen Preußischen Staatseisenbahn". Nach beinahe vier Jahrzehnten der Standorttreue war es schließlich die Reglementierungswut der Brüsseler Eurokraten, die dem Maschinchen ihr bisheriges Dasein streitig machen sollte. Neue Bestimmungen ließen sie zum „gefährlichen Spielgerät" werden, womit sie in ihrer bisherigen Eigenschaft (ohne entsprechende Sicherungsmaßnahmen) ausgedient hatte, mit der Konsequenz, dass sie im Jahr 1999 das Feld räumte und derweil im DB-Museum in Koblenz-Lützel als mustergültig restauriertes Exponat bestaunt werden darf.

Aufnahmen (5): Fischer, Bildarchiv der Eisenbahnstiftung

Fahrzeugschau zum Jubiläum

Bild 273 bis 277 – Anlässlich des 125. Jubiläums der deutschen Eisenbahnen ließ sich die Bundesbahndirektion Köln nicht lumpen und scheute weder Kosten noch Mühen, das Ereignis gebührend zu würdigen. Vor dem Direktionsgebäude gegenüber dem Rheinuferbahnhof präsentierte die BD Köln auf einem Parkplatz im Bereich der Trankgasse einige Schienenfahrzeuge. Ausgestellt waren die beim Bw Deutzerfeld beheimateten Lokomotiven 03 252 und E 10 123, eine V 200 sowie der Adler-Nachbau von 1935. Ferner stellte man für das interessierte Publikum anlässlich der vom 6. bis 17. Oktober 1960 dauernden Ausstellung zudem je einen modernen Schlaf-, Speise- und Gesellschaftswagen aus.

Aufnahmen (4): Bildarchiv der Eisenbahnstiftung; Aufnahme auf der rechten Seite: Dr. Walter Scheer, Sammlung Hans-Peter Arenz

03 252
ADLER

Bild 278 bis 281 – Im Jahr 1965 war es eine Fahrzeugausstellung im KBE-Bahnhof Hohenzollernbrücke der Rheinuferbahn, die zwischen dem 8. und 16. Mai im Vorfeld der anstehenden ersten Weltausstellung des Verkehrs in München von der BD Köln gemeinsam mit den Köln-Bonner Eisenbahnen (KBE) und den Kölner Verkehrsbetrieben (KVB) ausgerichtet wurde. Zu sehen waren 03 276 (Baujahr 1937) und E 10 323 (Baujahr 1963) des Bw Deutzerfeld sowie V 160 037 (Baujahr 1965) des Bw Oldenburg. Darüber hinaus war die DB mit drei ihrer modernsten Reisezugwagen (A4üm 12 037, Av4üm 10 431 und Bc4üm 19 817) vertreten. Die KBE präsentierte die Diesellok V 37 (Baujahr 1963) sowie den Elektrotriebwagen ET 204 „Silberpfeil", die KVB den achtachsigen Straßenbahnwagen 3856 (beide Baujahr 1964). Neben den modernen Fahrzeugen hatte selbstverständlich auch die Dampftraktion ihren festen Platz, derer sich die DB (noch) nicht zu schämen brauchte.

Aufnahmen (4): Fischer, Bildarchiv der Eisenbahnstiftung

In gemeinsamer Sache

Bild 282 bis 286 – Der im Nachkriegsdeutschland grassierende Kohlenklau fand in Köln zu seiner ureigenen Gesetzmäßigkeit, und zwar als der Kölner Kardinal Frings den Not leidenden Menschen als Geste der Barmherzigkeit in seiner legendären Silvesterpredigt 1946 in der St. Engelbert Kirche zu Köln-Riehl diese Ungesetzmäßigkeit zubilligte und im Sinne des Selbsterhalts die nicht ganz legitime Beschaffung von Lebensmitteln und Kohle tolerierte: „Wir leben in Zeiten, da in der Not auch der Einzelne das wird nehmen dürfen, was er zur Erhaltung seines Lebens und seiner Gesundheit notwendig hat, wenn er es auf andere Weise, durch seine Arbeit oder Bitten, nicht erlangen kann." Seine Silvesterpredigt blieb dann auch nicht folgenlos, der Kohlenklau nahm im Raum Köln spürbar zu, fühlten sich die Menschen durch die hohe „kirchliche Segnung" doch dazu legitimiert. Allein beim Bahnhof Köln-Eifeltor – wohin die Brikettfabriken des Rheinischen Braunkohlenreviers von Brühl-Vochem die „Klütten"-Züge an die Reichsbahn überstellten – waren es mitunter täglich bis zu 90 t Braunkohlenbriketts, die von den Zügen „gefringst" wurden. Mit Säcken und Handkarren bewaffnet, fiel die darbende Bevölkerung regelrecht über die zum Versand bereitstehenden Brikettzüge her. Keine Gelegenheit blieb ungenutzt, an den begehrten Brennstoff zu gelangen. Auf Veranlassung der britischen Besatzungs-

macht wurden daraufhin in Köln-Eifeltor (wie auch im rechtsrheinischen Gremberg) Wachen der Bahnpolizei eingerichtet, um dem entfesselten Treiben, das zunehmend den Bahnbetrieb gefährdete, Einhalt zu gebieten. Anlässlich der neu geschaffenen „Wache E'tor" wurde die Arbeit der Bahnpolizei bei der Bekämpfung des Kohlendiebstahls in etlichen Szenen nachgestellt und fotografisch dokumentiert. Neben den hauptamtlichen Bahnpolizisten waren die Statisten tatsächlich festgenommene jugendliche Kohlendiebe, die man zum Mitwirken verdonnert hatte. Der Begriff „fringsen" sollte dann auch als Synonym für den Kohlenklau in die Geschichtsbücher eingehen. Aufn. (5): Sammlung Gerhard

„Fringsen" in Notzeiten

Im Namen des Herrn

Bild 287 bis 291 – In der Zeit zwischen dem 29. August und 2. September 1956 war Köln Austragungsort des 77. Deutschen Katholikentags. Vor dem Hintergrund der deutschen Teilung stand dieser ganz unter dem Motto „Die Kirche, das Zeichen Gottes unter den Völkern". Die Gläubigen kamen zu Hunderttausenden in die Domstadt. Bei der Abschlusskundgebung waren es allein über 800.000 Menschen, die auf das Gelände des Müngersdorfer Stadions strömten. Für das Großereignis hatte die Deutsche Bundesbahn zwischen Lövenich und Köln-Ehrenfeld eigens einen provisorischen Bahnsteig eingerichtet, damit die Teilnehmer mit der Bahn unmittelbar an den Veranstaltungsort gebracht werden konnten. Einen der zahlreichen dorthin fahrenden Sonderzüge bespannte unter anderem die 50618 des Bw Aachen West. Für alle Beteiligten bedeutete die Ausrichtung des Katholikentages unter den schwierigen Zeitumständen im Nachkriegsdeutschland eine besondere logistische Herausforderung. Die Deutsche Bundesbahn zeigte sich nicht nur bei der Bewältigung des erhöhten Zugaufkommens ganz pragmatisch, sondern stellte beim Bahnhof Köln-Deutz Tief genauso unkonventionell die vom Bw Köln-Kalk Nord als Dampfspender abgestellte 552771 bereit. Mit dem Heizschlauch an ein Rohleitungssystem angeschlossen, diente ihr Heißdampf zum Aufwärmen der in Stahlkörben geschichteten und mit einem Flaschenzug in die Druckbehälter gehobenen Konservendosen. Festgehalten wurden die Szenen am 30. August 1956. Aufnahmen (5): Fischer, Bildarchiv der Eisenbahnstiftung

Bild 292 bis 294 – Ankunft des Zirkus Krone in Köln-Nippes am 23. Juni 1959. Der stattliche Dickhäuter musste sich ordentlich ducken, wollte er den gedeckten Güterwagen verlassen. Deutlich bequemer hatten es die Zeitgenossen daneben, die in einem Elefanten-Transport-Spezialwagen anreisten. Einige dieser Wagen hatte der Zirkus Krone 1925 bei der Waggonfabrik Josef Rathgeber in München-Moosach eigens für den Elefantentransport beschafft. Die gekröpften Längsträger ermöglichten mittig die Tieferlegung der Waggons, was den Elefanten nicht nur das Be- und Entsteigen des Waggons erleichterte, sondern für große Exemplare zugleich einen artgerechten Transport ermöglichte. Der letzte bei der Deutschen Bundesbahn unter der Gattungsbezeichnung Hkko geführte Spezialwagen des Zirkus Krone blieb bis 1999 im Einsatz. Nicht nur die Zirkus-Sonderzüge an sich (sieht man mal vom Circus Roncalli ab, der als letzter seiner Zunft noch heute die Eisenbahn in Anspruch nimmt), mit Lebendtiertransport auf der Schiene sind seit langem passé.

Aufnahmen (3): Fischer, Bildarchiv der Eisenbahnstiftung

Tierische Eisenbahn

Bild 295 (oben) – Es gab Zeiten, da wurden beinahe alle landwirtschaftlichen Produkte mit der Bahn transportiert, so auch Kartoffeln, die hier im Herbst 1938 während der Ernte beim Bahnhof Köln-Gereon in die bereitstehenden Waggons der Bauart G 10 verladen werden. Noch dominieren Pferdefuhrwerke der Bauernschaft das Geschehen, die ihre Kartoffeln in Jutesäcken anliefern. Unter die motorisierten Fahrzeuge hatte sich auch ein Lastwagen der in Köln-Höhenberg ansässigen Colonia-Drahtwerke gemischt.

Aufnahme: RBD Köln (Felten), Bildarchiv der Eisenbahnstiftung

Bild 296 und 297 (unten) – Die Transportaufgaben der Deutschen Reichsbahn umfassten genauso auch den Lebendtiertransport, wie er nach dem Krieg lange auch noch von der Deutschen Bundesbahn weitergeführt wurde. Nicht von ungefähr verfügte der auf das Jahr 1895 zurückgehende Schlachthof in der Liebigstraße in Köln-Neuehrenfeld über einen Gleisanschluss, der die Zustellung der Viehwagen, egal ob mit Sauen oder anderem Schlachtvieh beladen, unmittelbar ermöglichte.

Aufnahmen von 1934 (2): Sammlung Gerhard

Bild 298 bis 301 – Blick in die 1909/10 von der Preußischen Staatsbahn mit einem Kostenaufwand von 935.000 Mark in Köln-Kalk Nord errichtete Umladehalle. Die offene, 400 m lange und 76,4 m breite Halle verfügte über zehn Gleise für den unmittelbaren Warenumschlag. Die in den Jahren 1934 und 1938 festgehaltenen Szenen zeigen, dass nahezu alles umgeschlagen wurde, was der tägliche Warenfluss hervorbrachte. Unter den verwendeten Verpackungsmaterialien der mehr oder weniger großen Sendungen herrschte eine denkbare Vielfalt vor: von der gezimmerten Holzkiste über prall gefüllte Jutesäcke, in Papier geschlagene Waren bis hin zu werbewirksam bedruckten Kartons war alles möglich. Manche Produkte von damals haben sogar die Zeiten überdauert, wie etwa Maggis Fertigsuppen oder aber auch der Kathreiner Malzkaffee, der besonders den Älteren noch geläufig sein dürfte. Der „Muckefuck" hatte im Nachkriegsdeutschland seine Blütezeit, als er notgedrungen als Ersatz für den seinerzeit unerschwinglichen Bohnenkaffee herhalten musste. Ganz modern bediente man sich für den Warenumschlag vor Ort bereits der Flurförderfahrzeuge des Systems „Köln" N.P.H. 2001 von Siemens & Halske, die über eine Tragkraft von zwei Tonnen verfügten.

Aufnahmen (2): Sammlung Gerhard
Aufnahmen (2): Bildarchiv der Eisenbahnstiftung

Stückgutumschlag in Köln-Kalk

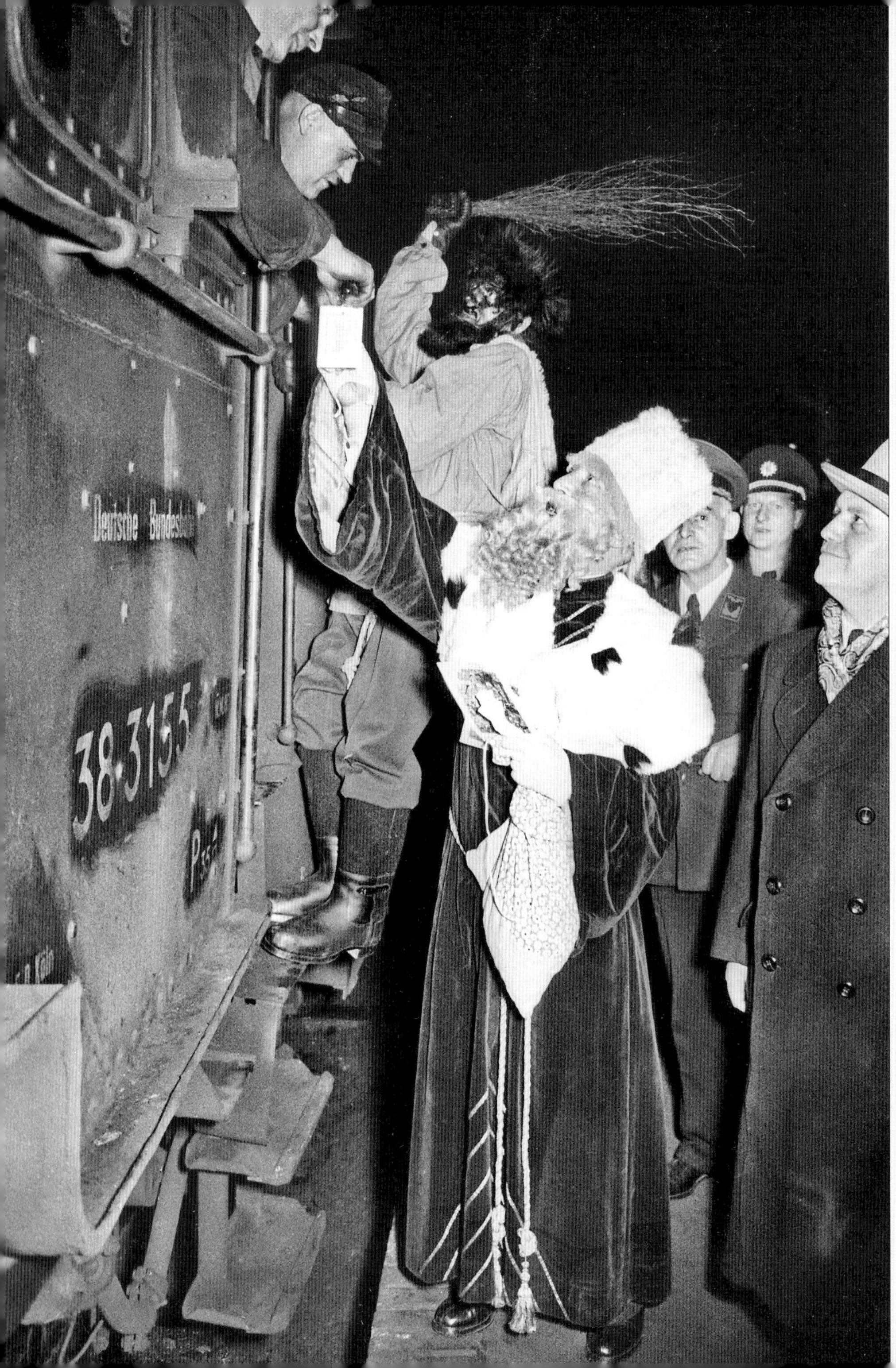

Kölscher Nikolaus und die Bahn

Bild 302 bis 307 – Auch das war vor langer Zeit ein netter Brauch in Köln, wenn der Nikolaus am Bahnsteig seine Runde machte, um vor allem die kleinen Fahrgäste mit einem süßen Präsent aus seinem Sack zu beglücken. Aber auch die großen Erdenbürger wurden bedacht, hier die Mannschaft der Lok 38 3155 (Bw Köln Bbf). Dass ihnen dabei Knecht Ruprecht mit erhobener Rute bedrohlich nahe kam, belegt trefflich das vorherrschende Bild, dass der Heilige Nikolaus das Gute und Knecht Ruprecht das Böse verkörperte. Die Respekt einflößende Geste der finster dreinschauenden Gestalt lässt darauf schließen, dass er die Mannschaft nachdrücklich ermahnt, nur ja immer den Fahrplan einzuhalten, während sich Nikolaus ganz dem Part des Guten widmet! Die Kinderaugen sprechen Bände und bedürfen keiner näheren Erwähnung, ihnen steht der Respekt förmlich ins Gesicht geschrieben (Köln Hbf, 6. Dezember 1952). In Köln West verlässt der Nikolaus am 6. Dezember 1949 die „Donnerbüchse“ hinter der Zuglok 50 975.

Aufnahmen (6): Fischer, Bildarchiv der Eisenbahnstiftung

Winterimpressionen

Bild 308 bis 311 – Im Winter wurde der Eisenbahn – im Sinne eines reibungslosen Betriebsablaufs – eine besondere Aufmerksamkeit zuteil. Die DB sah kein Problem darin, den Wetterverhältnissen angemessen das erforderliche Personal bereitzustellen, das im Winter 1955 im Hauptbahnhof die Weichen mit dem Reisigbesen von Eis und Schnee befreite. Waren diese festgefroren, wurden sie kurzerhand mit dem Propan-

Brenner aufgetaut, wie im Winter 1956 beim Betriebsbahnhof demonstriert. Bei Minusgraden bedurften verständlicherweise genauso die Wasserkräne an den Bahnsteigen des Hauptbahnhofs einer besonderen Fürsorge. Sie galt es schlichtweg vor dem Einfrieren zu schützen, indem die daran befindlichen Kastenöfen kurzerhand mit Koks befeuert wurden. Aufnahmen (4): Bildarchiv der Eisenbahnstiftung

Menschen bei der Bahn

Bild 312 (oben) – Für einen stets reibungslosen Zugbetrieb braucht es für die Lokomotiven zuweilen auch frischen Sand zwecks Erhöhung der Reibung zwischen Rad und Schiene. Beim Bw Gremberg ist ein Mitarbeiter mit seiner Akkukarre, eine ordentliche Fuhre Feinsand im Schlepp, vorgefahren und versorgt hier die Sandstreueinrichtung der noch unter dem Label der „DR" laufenden 143 957.

Aufnahme (1990): Wolfgang Clössner

Bild 313 (unten links) – Sportlich schwungvoll zeigt sich der Zugführer beim Besteigen der Maschine. Als die Altbau-Elloks der Baureihe 119 fern ihrer angestammten fränkischen Heimat ein zweijähriges Gastspiel beim Bw Hagen-Eckesey gaben, liefen die vier Maschinen dieser Splittergattung im Eil- und Personenzugverkehr auch regelmäßig den Kölner Hauptbahnhof an, wie hier im Juni 1969 mit der 119 002 geschehen.

Bild 314 (unten rechts) – Wie ein Wal auf dem Trockenen mutet die Szene mit der im September 1957 in Köln-Eifeltor „gestrandeten" 50 1443 des Bw Düren an. Für die Bergungsmannschaft gilt es, die Maschine bei regnerischem Wetter freilich nicht zurück ins rettende Nass zu bringen, sondern mit schwerem Gerät aufs Gleis zu stellen.

Aufnahmen (2): Dr. Walter Scheer, Sammlung Hans-Peter Arenz

Bild 315 (oben) – Vater und Sohn stehen im Juni 1969 ehrfurchtsvoll vor einem mit Dieselaggregaten beladenen „Wagen für Motoren und Getriebe", der anlässlich einer Ausstellung beim Betriebsbahnhof Köln als Anschauungsobjekt diente. Die Bundesbahn zeigte sich allzu gern fortschrittlich und verteilte ihr Infomaterial ganz im Trend der Zeit selbstverständlich in Plastiktüten. Der Siegeszug der Polyethylentragetaschen hatte zwar bereits begonnen, deren eigentlicher Durchbruch sollte aber erst noch bevor stehen.

Bild 316 (unten links) – Staunende Knaben auf dem Führerstand der 62 003 (Bw Krefeld) anlässlich der Ausstellung „Jugend- und Berufswahl" bei der Kölner Messe im Juli 1956. Natürlich packte die Bundesbahn die Gelegenheit beim Schopf und warb nebenan im Bahnhof Köln-Deutz Tief um die Gunst des Nachwuchses mit einer echten Dampflok als Anschauungsobjekt. Die Lokomotive diente danach übrigens noch bis 1966 bei der Lokführerschule in Troisdorf als Anschauungsobjekt. Als letztes Exponat dieser Baureihe bei der DB wurde sie 1968 im AW Schwerte verschrottet. Aufnahme: Fischer, Bildarchiv der Eisenbahnstiftung

Bild 317 (unten rechts) – Aus Anlass der offiziellen Aufnahme des elektrischen Zugbetriebs spielte am 5. Mai 1959 am Hauptbahnhof die Blaskapelle der Deutschen Bundesbahn auf. An diesem Tag feierte man den Zusammenschluss des elektrischen Inselbetriebs im Ruhrgebiet mit dem elektrischen Streckennetz Süddeutschlands.

Aufnahmen (2): Dr. Walter Scheer, Sammlung Hans-Peter Arenz

De Prinz kütt

Bild 318 und 319 – In der rheinischen Karnevalshochburg gab es vor dem närrischen Treiben selbst für die Deutsche Bundesbahn kein Entrinnen, vielmehr beteiligte sie sich an der Bereitstellung des Hofzugs mit der prächtig geschmückten 03 005 des Bw Deutzerfeld. Im Bahnhof Köln-Deutz stellt sich das Kölner Dreigestirn der Session 1956/57 dem Fotografen. Ein wenig unbeholfen erteilt Prinz Willy III. mit der Kelle den symbolischen Abfahrauftrag.

Aufnahmen (2): Fischer, Bildarchiv der Eisenbahnstiftung

Bild 320 bis 322 – Auswärtsbesuch: Mit dem „Samba-Expreß" ging es am 20. Februar 1950 von Hannover zum Rosenmontagszug nach Köln. Nach dem Zweiten Weltkrieg war dies übrigens erst wieder der zweite offizielle Rosenmontagszug in Köln, war doch wegen der dramatischen Lage im Hungerwinter 1946/47 das öffentliche Karnevalstreiben zunächst noch offiziell strikt verboten worden. Aufn. (3): Berkowski, Bildarchiv der Eisenbahnstiftung

Rund um den Dom

Bild 323 und 324 – Als die eleganten Dieseltriebzüge der Baureihe 601 in Köln noch wie selbstverständlich zum Betriebsalltag gehörten, verlässt hier am frühen Morgen des 2. Juli 1976 die Garnitur des IC 131 „Prinzipal" Köln Hbf – Düsseldorf – Dortmund – Münster – Bremen – Hamburg-Altona seinen Ausgangspunkt (Bild links). Ein andermal konnte auf der Westseite des Hauptbahnhofs der IC 131 in der Ausführung mit den stärkeren Gasturbinen-Triebköpfen der Baureihe 602 angetroffen werden. Mit der Einführung des IC'79-Systems mit den im Stundentakt laufenden Wagenzügen beider Klassen hatten die eleganten Dieseltriebzüge im IC-Verkehr bei der Deutschen Bundesbahn unwiderruflich ausgedient.

Bild 325 bis 327 – Momentaufnahme beim Bahnhof Köln West am 24. März 1980 mit der vor einem Schnellzug von Dortmund nach Frankfurt/Main fahrenden 110 437. Bestimmt wird das Bahnhofsumfeld von einem kleinen Querschnitt zeitgemäßer Kraftwagen. Noch kann sich der Käfer behaupten, wenngleich er die einstige Rolle des unangefochtenen „Dominators" auf Westdeutschlands Straßen längst hatte einbüßen müssen. Als die klassische Rangierlok der Deutschen Bundesbahn steht 261 177 vor bedrohlicher Gewitterfront am 24. März 1975 in Köln West im Einsatz. Nach wie vor war hier genauso noch die eine oder andere Dampflok im regulären Dienst bei der Durchfahrt anzutreffen, so am 21. Mai 1975 die Gremberger 050 259 mit dem Ng 64671.

Aufnahmen (5): Peter Schiffer, Bildarchiv der Eisenbahnstiftung

Bild 328 und 329 – Blick aus dem Fahrdienstleiterstellwerk „Kf" auf eine zwischen Köln Bbf und Deutzerfeld verkehrende Zugkomposition mit den Maschinen 112 499, 110 427 und 103 135 sowie einer weiteren 103. Dahinter Reisezug- und Packwagen und am Zuschluss gleich noch eine V 100. Als Peter Schiffer am 6. Januar 1979 seine Kamera zückte, zeigte sich Köln in bescheidener, aber immerhin winterlicher Pracht. Im Fahrplanjahr 1979/80 war der N 3112 Hamm (Westf) – Wuppertal – Köln eine samstägliche Zusatzleistung der ET 30 des Bw Hamm. Nach der Ankunft im Hauptbahnhof begibt sich am 15. September 1979 der Elektrotriebwagen 430 124 als Leerfahrt zum nahen Betriebsbahnhof.

Aufnahmen (2): Peter Schiffer, Bildarchiv der Eisenbahnstiftung

Bild 330 (links) – Fahrgastwechsel beim Bahnhof Köln Süd im Frühjahr 1987 mit der vor einem Personenzug laufenden („Bügelfalten") 110 320. Noch wird die Szenerie ganz vom morbiden Charme alter Eisenbahninfrastruktur bestimmt. Aufnahme: Wolfgang Clössner

Bild 331 (rechts) – Mit vereinten Kräften legen sich am 25. Mai 1975 bei Köln West auf dem Verbindungsgleis von Köln-Nippes 140 798 und 140 810 vor einem Ganzzug in die Kurve. Das Überführungsbauwerk dahinter dient den vom Hauptbahnhof in Richtung Kalscheuren fahrenden Reisezügen. Aufnahme: Peter Schiffer, Bildarchiv der Eisenbahnstiftung

Bild 332 bis 334 – Im westlichen Kölner Stadtgebiet befindet sich an der internationalen Strecke nach Aachen der Bahnhof Ehrenfeld, wo diese Motive trefflich eingefangen wurden. 050 259 des Bw Gremberg am 16. September 1974 auf Lz-Fahrt in Richtung Köln-Bickendorf. Am 30. August 1971 ist es die Eifeltorer 094 561, die hier mit einem Arbeitszug rangiert. Vor einem Schnellzug nach Paris kommt am 20. Januar 1975 die SNCB-Lok 1603 gefahren. Die freie Sicht auf die fotogenen Gründerzeithäuser wird heute übrigens durch eine wenig fotogene Lärmschutzwand verstellt.

Aufnahmen (3): Peter Schiffer, Bildarchiv der Eisenbahnstiftung

Bild 335 und 336 – Ursprünglich von der Rheinischen Eisenbahn-Gesellschaft ebenerdig mit niveaugleichen Bahnübergängen angelegt, brachte man die Eisenbahn innerhalb von Köln-Ehrenfeld in den ersten beiden Dekaden des 20. Jahrhunderts in Hochlage. Dem allgemeinen Trend folgend, sollte die einschneidende bauliche Veränderung besonders den Straßenverkehrsteilnehmern mit ihren Vehikeln zugutekommen, die fortan an schienengleichen Bahnübergängen nicht mehr vor der herannahenden Eisenbahn bremsen brauchten. Das war im Jahr 1991 nicht anders, als 215 015 unter kräftiger Rauchentwicklung vor einem Autotransportzug das markante Bauwerk passiert. Da Köln bekanntlich zu den Autostädten gehört, sind es natürlich Modelle der Marke Ford, die der ortsansässige Autobauer der Deutschen Bundesbahn zum Transport anvertraute. Die wohl bemerkenswertesten Elloks, die aus dem benachbarten Belgien im Schnellzugverkehr bis nach Köln gelangten, waren die aus der SNCF-Reihe CC 40100 hervorgegangenen Viersystemloks der Reihe 18, die die SNCB 1973/74 bei Alsthom in sechs Exemplaren beschaffte. Hier passiert die erstgebaute 1801 auf der Viaduktstrecke das Wahrzeichen von Ehrenfeld, den Leuchtturm der ehemaligen Helioswerke. Der Vollständigkeit halber sei angemerkt, dass die Maschinen dieser Baureihe bereits bis Ende 1999 altersbedingt ihren Dienst quittieren mussten.

Aufnahmen (2): Wolfgang Clössner

Bild 337 und 338 – Der alte Worringer Bahnhof von 1855 an seinem angestammten Platz im Verlauf der Strecke Köln – Neuss. Als der aus Dreiachsumbauwagen gebildete Nahverkehrszug mit der Mehrsystemlok 184 112 an der Spitze am 27. Juli 1976 bei dem Kleinod einen kurzen Stopp einlegte, war dort die Eisenbahnwelt noch in Ordnung. Als dann das historisch wertvolle, weitgehend in Holzbauweise entstandene Gebäude dem S-Bahn-Ausbau im Weg war, musste es – ältestes Bahnhofsgebäude Kölns hin oder her – den Platz räumen. Zwischen 1987 und 1990 wurde das denkmalgeschützte Bauwerk schließlich vom Verein „Zug um Zug" feinsäuberlich abgetragen und auf dem Gelände beim ehemaligen Ausbesserungswerk in Köln-Nippes wieder aufgebaut. Aufnahmen (2): Peter Schiffer, Bildarchiv der Eisenbahnstiftung

Bild 339 und 340 – Auf den Gleisen der Köln-Frechen-Benzelrather Eisenbahn ist am 3. April 1975 die Gremberg 050 318 bei Köln-Bickendorf unterwegs. Im Niehler Hafen sorgt am 6. September 1983 der von V 36 204 gefahrene historische Rheingold-Zug für ein nicht alltägliches Bild.
Aufnahmen (2): Peter Schiffer, Bildarchiv der Eisenbahnstiftung

Bild 341 bis 343 (oben und unten links) – Köln auf dem Weg ins S-Bahn-Zeitalter: Im Bauzugdienst konnte am 16. April 1974 die Stolberger 051 530 in Köln-Heimersdorf bei der künftigen S-Bahn-Station Köln-Volkhovener Weg angetroffen werden. Eine Pressefahrt am 21. Mai 1975 mit 420 164 stimmt wenige Tage vor der offiziellen Inbetriebnahme des S-Bahn-Verkehrs zwischen Köln-Chorweiler und Bergisch Gladbach das an Bord befindliche Fachpublikum auf den künftigen Betrieb mit den modernen dreiteiligen Elektrotriebzügen ein (aus dem zum Sommerfahrplan 1980 die S-Bahn-Linie S 11 hervorgehen sollte). Hinten wächst derweil die Trabantenstadt Köln-Chorweiler mit den zum Teil über 20 Stockwerke umfassenden Wohnblöcken in den Himmel. Wen wundert's, dass dieser Stadtteil längst zu den sozialen Brennpunkten Kölns gehört. Übergangsweise wurde der S-Bahn-Verkehr zunächst mit lokbespannten Zügen bewältigt. Am 14. März 1976 begegnen sich beim Haltepunkt Köln-Volkhovener Weg die mit 141 447 und 141 436 gefahrenen S-Bahnen.

Aufnahmen (3): Peter Schiffer, Bildarchiv der Eisenbahnstiftung

Bild 344 (unten) – Startschuss mit 050 318 für das Baulos 5 des S-Bahn-Abschnitts Köln Hbf – Köln-Chorweiler (1973). Aufnahme: Dr. Walter Scheer, Sammlung Hans-Peter Arenz

Bild 345 – Kölner S-Bahn-Betrieb ganz modern: Aufeinandertreffen der auf der S-Bahn-Linie (S 6) laufenden 143 247 mit typischem Vierwagen-Wendezug, gebildet aus den sogenannten x-Wagen und dem Dampfzug mit 52 8134 der Eisenbahnfreunde Betzdorf. Festgehalten wurde die sich am 17. Juni 2011 in Köln-Nippes ergebende Perspektive aus dem Gebäude des Eisenbahn-Bundesamtes. Aufnahme: Joachim Bügel

Bild 346 bis 348 – Köln darf sich rühmen, dass auf den Gleisen der Stadt tatsächlich einmal der letzte einmotorige Schienenbus der Deutschen Bundesbahn im Einsatz stand, und zwar für Personalfahrten, wie hier am Stellwerk R8 im Rangierbahnhof Köln-Nippes am 14. September 1982 gesehen. Auf der Drehscheibe des Bahnbetriebswerkes Köln-Nippes konnte am 30. Mai 1974 die Stolberger 053 031 angetroffen werden. In der Halle dahinter hat der Freundeskreis Eisenbahn Köln e.V. mit dem historischen Rheingold-Zug eine dauerhafte Bleibe gefunden. Im Rangierbezirk II des Güterbahnhofs Köln-Nippes drückt am 6. Februar 1976 die Rangierlok 261 666 einige Wagen über den Ablaufberg.
Aufnahmen (3): Peter Schiffer, Bildarchiv der Eisenbahnstiftung

Bild 349 (rechte Seite) – Zu einem beliebten Fotomotiv unter Eisenbahnfotografen avancierte in den letzten Jahren das alte Stellwerk „Ksf" in Köln-Kalk Nord. Am Nachmittag des 26. Juli 2009 wird 185 214 mit einem Güterzug am Haken in Kürze den Rangierbahnhof Gremberg erreicht haben und wir mit diesem Motiv gleich auch den Kölner Bilderreigen auf dem Weg durch die Zeit beenden wollen. Hinter der Lok Wagen mit Wechselaufbauten einer ÖBB-Tochter, die zu einem System gehören, das den schnellen und flexiblen Umschlag zwischen Lkw und Bahn ermöglicht. Auf der Internetseite liest sich das wie folgt: „Mit dem MOBILER ist es Rail Cargo Austria geglückt, die Vorteile des Schienen- und Straßengüterverkehrs sinnvoll in einem System zu bündeln. Mit dem MOBILER kommt die Bahn zum Kunden, egal ob ein Bahnanschluss vorhanden ist oder nicht. Mit einem speziellen MOBILER-LKW werden Ihre Güter abgeholt und zur nächsten Verlademöglichkeit transportiert, von wo dann der Transport auf Schienen weitergeführt wird."
Aufnahme: Udo Kandler

Railion
Railion
185 214-4
Ksf

Bild 350 – Schnellzugverkehr anno 1952 mit 01 228. Aufnahme: Dr. Walter Scheer, Sammlung Hans-Peter Arenz

Quellenverzeichnis

- 100 Jahre Eisenbahndirektion Köln. Sonderdruck aus „Die Bundesbahn" Heft 3/1981
- Dick, Walter/Wellershoff, Dieter: Köln – Stadt im Aufbruch. Köln 2002
- Ernst, Friedhelm: Verkehrsknoten Köln. Freiburg 2006
- Hammer, Lothar: Köln. Die Hohenzollernbrücke und die deutsche Brückenarchitektur der Kaiserzeit. Aus der Reihe „Stadtspuren", Band 25: Denkmäler in Köln. Köln 1997
- Kandler, Udo: Drehkreuz im Westen; in: Bahn-Extra 2/2009
- Kandler, Udo: Rheinischer Dreier; in: Eisenbahn-Journal 8/2009
- Kandler, Udo: In der Not geboren: Kohlenklau oder „Fringsen"; in: Eisenbahn-Kurier 1/2011
- Kandler, Udo: Im Namen des Herrn. Die DB und der 77. Deutsche Katholikentag in Köln vom 29. August bis zum 2. September 1956; in: Eisenbahn-Kurier 2/2011
- Kandler, Udo: Köln – Eisenbahnalltag zwischen Dom und „Triangle"; in: Eisenbahn-Kurier 11/2011
- Köln Hbf und seine Bahnsteighalle. Modernes Verkehrszentrum und Baudenkmal. Sonderdruck aus „Die Bundesbahn" Heft 6/1987
- Krings, Ulrich: Der Kölner Hauptbahnhof. Landeskonservator Rheinland, Arbeitsheft 22. Köln 1977
- Krings, Ulrich/Schmidt, Rudolf: Hauptbahnhof Köln. Kathedrale der Modernität & modernes Dienstleistungszentrum. Weimar 2009
- Scharf, Hans-Wolfgang: Eisenbahn-Rheinbrücken in Deutschland. Freiburg 2003
- Schiebel, Peter/Perillieux, Winand: Eisenbahn in Köln I. Sonderausgabe I/86 des Eisenbahn-Journals. Fürstenfeldbruck 1986
- Schüller, Markus: Wiederaufbau und Aufstieg der Kölner Messe 1946 – 1956. Stuttgart 1999
- Stern, Volkhard: Der Zirkus kommt! Immer auf Achse – Zirkus-Sonderzüge in Deutschland von 1900 bis 2000. Freiburg 2012